Otto Willmann

Pädagogische Vorträge

über die Hebung der geistigen Thätigkeit durch den Unterricht

Otto Willmann

Pädagogische Vorträge
über die Hebung der geistigen Thätigkeit durch den Unterricht

ISBN/EAN: 9783741157080

Hergestellt in Europa, USA, Kanada, Australien, Japan

Cover: Foto ©Thomas Meinert / pixelio.de

Manufactured and distributed by brebook publishing software (www.brebook.com)

Otto Willmann

Pädagogische Vorträge

Pädagogische Vorträge

über

die Hebung der geistigen Thätigkeit durch den Unterricht.

Von

Dr. Otto Willmann,
Ordinarius am Pädagogium und Vorsteher der Uebungsschule zu Wien.

Leipzig 1869.

Verlag für erziehenden Unterricht.
(S. A. Gräbner.)

Vorwort.

Die folgenden Abhandlungen sind aus Vorträgen entstanden, die ich zu Anfang des vorigen Jahres in Leipzig vor einem für pädagogische Fragen interessirten Publicum gehalten habe. Sind sie auch bei der Niederschrift zum Druck theilweise umgearbeitet worden, so glaubte ich es bei ihrem ersten Namen um so eher belassen zu dürfen, da ich mich bemüht habe, ihnen den Charakter des gesprochenen Wortes zu erhalten.

Die Leipziger „Erziehungsschule", an der ich damals wirkte, hatte, um einen regeren Verkehr zwischen den Lehrern der Anstalt und den Eltern der ihr anvertrauten Kinder herzustellen, Schulabende eingerichtet, wo Fragen der häuslichen Erziehung behandelt, Einrichtungen der Schule, Individualitäten der Schüler besprochen wurden. Es erschien bald wünschenswerth, einzelne Partieen des Unterrichts mit Rücksicht auf seine Unterstützung durch das Haus zusammenhängend zu behandeln, zumal derselbe von dem anderer Schulen der Stadt nicht unerheblich abweicht und für eine gemeinverständliche Darlegung dieser Abweichungen noch wenig geschehen war. So übernahm ich es, in einer Reihe von Vorlesungen eine Darstellung von wesentlichen Grundsätzen, die der Anstalt als Norm dienen, zu geben. Dabei ging ich jedoch von vornherein darauf aus, mehr darzubieten als ein erweitertes Programm der Schule, nämlich das pädagogische Interesse überhaupt, wende es sich dieser oder jener Schulanstalt zu, anzuregen und für des Lehrers Arbeiten und Schaffen, das so vielfach unbeachtet bleibt oder unterschätzt wird, eine freundliche Theilnahme wachzurufen. Zu vermeiden war dabei ein Doppeltes. Es durfte weder ein encyclopädischer und darum im Einzelnen dürftiger Ueberblick über das ganze Gebiet des Unterrichts gegeben, noch auf das Detail in solcher Weise eingegangen werden, daß die Einheit des Ganzen darunter litt. Darum schien es geboten, nicht sowohl einzelne Fächer des Unterrichts herauszugreifen, als von den Aufgaben des gesammten Unterrichts eine bestimmte ins Auge zu fassen, welche in die verschiedenen Fächer hineinblicken läßt, ohne deren detaillirte Darstellung zu indiciren.

Jedermann weiß, daß der Unterricht Kenntnisse übermitteln und Fertigkeiten erzeugen, daß er dem Schüler die Fähigkeit zu gewissen Leistungen auf den Weg ins Leben mitgeben soll. Nicht eben so schnell bietet sich dem Blicke die andere Aufgabe des Unterrichts dar, ja es dürfte nicht Wenige geben, denen sie kaum je zum Bewußtsein gelangt ist, die Aufgabe, den Zögling — und so sagen wir ja, eingedenk der erziehenden Kraft des Unterrichts immer lieber als: Schüler — in eine solche Verfassung zu setzen, daß er von den erworbenen Kenntnissen und Fertigkeiten Anwendung mache, sie ergänze und erweitere, daß, was die Schule als Endpunct ansieht, ihm der Ausgangspunct weiterer Entwicklung werde, die Aufgabe mit einem Wort, geistige Thätigkeit in dem Zögling zu wecken, wo sie sich regt, zu stärken, zu veredeln.

Es ist der kategorische Imperativ der Unterrichtslehre, die geistige Thätigkeit des Zöglings zu heben; denn sie ist das eigentliche Erbtheil, das die Schule dem scheidenden Zögling mitgeben muß ins Leben, durch sie greift die Erziehung erst recht ein in das Leben des Erwachsenen, vermag sie ihn für seine künftigen, von dem Knaben noch ungeahnten Zwecke geschickt zu machen. Eine tiefe Bedeutung hat die oft mißverstandene und einseitig angewandte Lehre von der formalen Bildung, die in dem Lehrstoff, der vorübergehend ist, vielleicht zum größeren Theile vergessen werden wird, nur das Mittel sieht, dem Geiste den Antrieb, den Aufschwung zu geben, dereinst andern, noch unbestimmten Stoff zu bewältigen, wenn ihm nur die Formen seiner Handhabung zu eigen geworden sind. Wohl hat die wissenschaftliche Psychologie die strenge Scheidung von Stoff für den Geist und Formen der Thätigkeit des Geistes, wie sie im vorigen Jahrhundert im Schwange war, verworfen, aber sie hat festgehalten, daß nicht in der Masse der Vorstellungen, sondern in ihrer reichen, viel gegliederten Verknüpfung der Sitz des geistigen Lebens zu suchen sei; auch ihr, wie dem ahnenden Pestalozzi, sind Wissensmassen, Leistungen, Fertigkeiten nicht mehr als das Material, das der Bearbeitung und Verwendung noch harrt und — sagen wir — vergeblich harren wird, wenn den Lehrer nicht bei seiner Arbeit unausgesetzt unser Imperativ leitet, schon im Einzelnen und Kleinen jene Verarbeitung vorzunehmen.

Unsre allgemeine Vorschrift zieht eine Reihe specieller, engerer nach sich; media axiomata habe ich sie mit Baco's Wort an anderer Stelle genannt, Wegweiser, wie sie dem Pädagogen vor Allem noth thun, da von dem allgemeinen Grundsatz bis zur Alltagspraxis noch ein weiter Weg ist.

Wir wollen nicht vorgreifen: im Folgenden werden die Untersätze zu jenem Obersatze gesucht und deren Verzweigung in der Praxis angedeutet.

Und so wendet sich diese Schrift nicht bloß an die gebildeten Eltern, um sie zur Beachtung von des Lehrers Arbeit zu gewinnen, sondern auch an diesen selber, und nach der Aufnahme zu urtheilen, die das gesprochene Wort bei Collegen verschiedener Schulen fand, vielleicht nicht ganz ohne Dank.

Aus der Volksschule ist Manches von dem, was hier aufgestellt werden wird, ausgeschlossen, Anderes auf gute Weile auch von der Mittelschule und es wird mehr geeignet sein, den Lehrer, zumal den angehenden, zu eigener Fortbildung anzuregen, ihm die Zugänglichkeit und das Anziehende mancher Gebiete zu zeigen, die ihm fremdartig vorkommen, als ihm directen Nutzen beim Unterricht zu gewähren. Anderes wird ihn unmittelbar bei seiner Thätigkeit anregen können. Für die Praxis wird er neben präcisirten Vorschriften andeutende Winke finden, und da sie aus der Praxis stammen, wird auch ihre Anwendung keine schwierige sein. Der vierte Vortrag „der Unterricht und die eigene Erfahrung des Zöglings" giebt einen Ueberblick über die Aufgaben der Heimathskunde und deren Verhältniß zu den verschiedenen Disciplinen; in dem folgenden kommt Wesen und Bedeutung der katechetischen Lehrform einerseits, die Repetition anderseits zur Sprache, indem beide als Mittel, die Vorstellungen des Zöglings in vielfältige Verknüpfung zu bringen, betrachtet werden; der letzte Vortrag behandelt die Frage der Concentration und wendet sich nicht sowohl an den einzelnen Lehrer als an die Gemeinschaft der Lehrer einer Classe, indem er die Wege angiebt, auf welchen die Lehrfächer in Verbindung gesetzt werden können. —

Ueber den Standpunct, den der Verfasser in den herrschenden Richtungen der Erziehungswissenschaft einnimmt, könnte er das Werkchen selber Aufschluß geben lassen; aber es wird ein Wort der Erklärung an dieser Stelle nicht überflüssig sein.

Zwei Richtungen pädagogischen Strebens sehe ich ausgeprägt in der Gegenwart, die, weit entfernt einander zu ergänzen, vielmehr vielfach in Gegensatz treten, mindestens sich zu ignoriren suchen. Es ist die Elementarpädagogik und die Pädagogik der gelehrten Anstalten. Erstere, nahe begrenzt in ihren Zielpuncten, weit begrenzt in ihrem Arbeitsfeld, arm an gelehrtem Apparat, aber noch belebt von dem Geiste des Vorwärtsstrebens, der sie geschaffen, fortarbeitend auf dem Grunde, den der große Meister aus der Schweiz und sein engerer und weiterer Schülerkreis gelegt hat; letztere, stolz auf ihre Nachbarschaft mit der exacten Wissenschaft, ungleich mehr auf das Was, als auf das Wie des Unterrichtes bedacht, conservativ in Wesen und Haltung, von Männern begründet und neugeschaffen, die in erster Linie Forscher, in zweiter Pädagogen waren. Hier der Schulmeister, dort der Gelehrte, der jenem wohl den Namen eruditor, kaum aber den ehrenvolleren eruditus gönnen wird; hier das Streben einen leichtbewältigten Stoff in kunstgerechte Formen zu gießen, die Lehrweise auszubilden; dort die Arbeit an der wissenschaftlichen Bewältigung des Stoffes, dessen Ueberlieferung dem Tacte des gebildeten Mannes überlassen bleibt; hier Streben nach Methode, dort nach Wissenschaft; wahrlich eine wenig segensreiche Trennung des Zusammengehörigen!

Denn es ist die Pädagogik nur eine. Die Frage des Stoffes, dessen sich die Erziehung bedient, ist eine Frage nach dem Mittel; die Wissenschaften, die ihr ihn darreichen, sind für sie dienende. Sie hat das Recht und die Pflicht, deren Gaben nach ihren Grundsätzen zu bearbeiten, sie selber in Schulwissenschaften umzusetzen. Sie ist ein Zweig der angewandten praktischen Philosophie. Ethik und Psychologie sind ihre Grundlagen; der ersteren Gebote, wie der letzteren Gesetze sind übergreifend über die Stoffe des Unterrichts; jene haben keine Clauseln über verschiedene Bildungsziele, diese keine Corollarien über die Schülerseelen höherer und niederer Anstalten.

Aber es scheint das Zurückführen der Pädagogik auf die Philosophie eine neue Zerklüftung mit sich zu bringen, die nach den verschiedenen Systemen. Zum Glück ist es nicht so; zum Glück oder zum Unglück sind die Systeme nicht so zahlreich, deren Ethik und Psychologie solid genug gebaut ist, um eine Erziehungslehre darauf setzen zu können. Wir wüßten nicht mehr als zwei der Art namhaft zu machen: den Realismus Herbart's und den Sensualismus Beneke's. Wir erblicken in dem ersteren Denker den reicheren, tieferen Geist, der bestimmend auf den Gang der deutschen Philosophie eingewirkt hat; letzterer, der seine Kenner der englischen Systeme, früherhin tief unterschätzt, wird in der Geschichte der Psychologie seinen dauernden Platz behalten. Seine Ergebnisse in dieser Wissenschaft nähern sich übrigens zum Theil so sehr den Herbart'schen, daß man sogar voreilig an Plagiat dachte.

Uebergreifend über die Arbeitsstätten der Lehrthätigkeit sind die Lehren der philosophischen Pädagogik und kann diese gleich nicht zum vollen Eigenthume aller Lehrer werden, so soll sie doch in deren Bildungsstätten vertreten sein und als Zielpunkt festgehalten werden; übergreifend in anderer Weise sind nicht wenige Ideen bedeutender Pädagogen, deren Stärke in der Elementarmethodik liegt. Pestalozzi und Diesterweg haben tief genug geblickt in die menschliche Seele, um Fingerzeige geben zu können, wie man Menschen lehren soll, nicht bloß Kinder.

Ferner: Andeutungen, wie wir sie bei deutschen Denkern und Dichtern finden, über Menschennatur und Aufgaben des Lebens, scheinbar mehr für den feinsinnigen Gelehrten bestimmt, sind von so gediegenem Gold, daß sie auch im Schulstaub ihren Glanz und Werth behalten.

So giebt es der Einheitspuncte genug, um den Arbeitern in ihren geschiedenen Feldern das Bewußtsein der Gemeinsamkeit ihrer Arbeit zu erhalten.

Aber betreffs der Geschiedenheit dieser Arbeitsfelder läßt sich noch weiter rechten.

Zwischen gelehrter Bildung und Elementarbildung liegt ein großes, verbindendes Zwischenreich, eine Errungenschaft unserer Zeit, nennen wir sie nun **allgemeine Bildung, Bürgerbildung, Bildung** schlechtweg. Eine Errungenschaft der neuen Zeit, ist ihr Bildungsideal doch älter, als das ihrer Nachbarn nach oben und nach unten; ihm gegenüber ist die Gelehrsamkeit, wie die Volksbildung nachgeborne Frucht. Die Schule der Alten war Bürgerschule und erst die Zeit der Nachblüthe brachte den Griechen die gelehrte Schule, erst auf christlichem Boden ist die Idee des Volksunterrichtes erwachsen.

Mit Recht sagt **Mager**, der eigentliche Apostel der Bürgerschule: „Die echten Freunde der echten Bürgerschule sind sich bewußt, im Geiste der großen, reinen Alten zu denken und zu handeln."

Wenn es eine Stätte giebt, wo sich Methodik und Wissenschaft zusammenfinden können, so ist es die Bürgerschule. Sie baut sich unmittelbar auf der Elementarschule auf, ist ihr stammverwandt, weil bei uns historisch aus ihr erwachsen; aber sie reicht hinüber zu den gelehrten Anstalten, sie bedarf des wissenschaftlichen Sinnes für ihre Lehrer, um ihre Zöglinge zum Verständniß ihrer Zeit zu führen. Sie strebt nach Volksbildung und theilt den **nationalen Charakter** mit der Elementarschule; mit der gelehrten Schule das Ziel der **humanen Bildung**, wenngleich sie „moderne Humanitätsstudien" an Stelle der classischen setzt.

Die Bürgerschule ist eine Schöpfung des modernen Geistes

und kann in ihren Einrichtungen und Zielen rückhaltlos nach dessen Forderungen bestimmt werden. In die gelehrten Anstalten mußten die Wissensgebiete, auf welche die Gegenwart gebieterisch hinweist, aufgenommen werden, so gut es thunlich war; das fertige Haus gestattete nur Anbauten, die Fundamente sollten gewahrt bleiben; die Volksschule bei ihrer Arbeit auf weitem Felde durfte sich begnügen, die lauten Mahnrufe der Zeit zu hören; auf deren vielstimmigen Chor zu lauschen, hat sie keine Muße. Die Bürgerschule soll ein Geschlecht bringen, das seine Zeit kennt; das ihren Errungenschaften einen schnellen Blick und einen anstelligen Sinn — die Frucht methodischer Schulung — ihren Gefahren eine im Schönen und Guten gefestete Gesinnung — das Geschenk humanistischer Erziehung — entgegenbringt.

Es giebt, daran wollten wir gemahnen, keine besondere Gymnasial- und keine Elementar-Pädagogik. Die Wissenschaft der Erziehung ist eine; es giebt nicht zwei durch weite Kluft getrennte Bildungsideale, das national-volksthümliche und das classisch-humane: dazwischen hat unsere Zeit die Aufgabe der Bildung zu moderner Humanität geworfen. Doppelte Mahnung, der Solidarität des Erziehungsgeschäftes eindenk zu sein und jedem Arbeiter darin die beiden untrennbaren Mittel seiner Wirksamkeit zu geben: das Wissen und das Können.

Denn es giebt auch nicht zwei Arten der Lehrerbildung, die eine durch Wissenschaft, die andere durch Schulung im Unterrichten. Wer mit Primanern Horaz und Sophokles liest, ist nicht exemirt von den Vorschriften der Methodik; wer Kindern die ersten Raumbegriffe verdeutlicht, die ersten Kenntnisse vom menschlichen Leben, von der Natur, von der Heimath übermittelt, kann dabei Fühlung behalten mit den Lehren der Wissenschaft. Der Lehrer der höheren Anstalten muß den Elementarunterricht verstehen und durch ihn hindurchgegangen sein, denn er bietet die Aufgaben des Erziehers in einfachster Form, sein handlicher Stoff ist am durchsichtigsten für die Methode; andererseits muß jede Lehrerbildung darauf angelegt sein, ihren Zöglingen die Lehrstoffe der Schule zu vollkommener, allseitiger Beherrschung zu bringen und, so weit es in ihrer Tragweite liegt, sie zu wissenschaftlichen Perspectiven zu führen.

Es fehlt an Gegnern dieser Ansichten nicht. Das hat die Anstalt erfahren, die vor andern den Grundsatz der Zusammengehörigkeit von Wissenschaft und Methode, von elementarem und höherem Unterricht in Kreise getragen hat und zu tragen fortfährt, bei denen diese Mahnung besonders an der Stelle ist, das akademische Seminar von Ziller in Leipzig.

Als akademisches Seminar sucht es nicht sowohl die Grundlinien der Lehrerbildung überhaupt, als die Ergänzung der wissenschaftlichen Bildung durch die Praxis der Schule und zwar der Elementar- und Bürgerschule; es wirkt ferner nicht in dem Sinne der allmählichen, auf Vorhandenem weiterbauenden Fortentwicklung dieser Schulen und der Charakter der Opposition, den ihm der Kampf mit Mißverstand und Unverstand aufgeprägt, hat vielleicht manche Wurzeln verkümmert, die es in die Breite hätte treiben können: aber es wird als energischer Anlauf das Vorurtheil, das hier in der Theorie, dort in der Praxis das Ganze der Pädagogik sehen will, zu beseitigen, seine Bedeutung je länger, je mehr bewähren.

Der Verfasser verdankt dieser Anstalt die Festigung und und Klärung der oben ausgesprochenen Grundsätze; er verdankt ihr seine Liebe zur Erziehung und was er etwa von Geschick dazu besitzt. Er erblickt in den Ziller'schen Reformbestrebungen zahlreiche fruchtbare Keime, die nur der Hände bedürfen, die sie sorgfältig an die rechten Stellen einsenken, um reiche Frucht zu tragen.

Neue große Systeme der Erziehungswissenschaft gleichen Treibhäusern, in denen eine mannigfaltige, zum Theil ungewöhnliche Flora zusammengebrängt ist; nicht jedem Eintretenden sagt die Luft darin zu, die künstlichen Beete muthen ihn fremdartig an, es wird ihm schwer, sich ganze Felder mit den Pflänzchen der Glaskästen bedeckt zu denken. Und freilich fordert die Arbeit des Umpflanzens einen sorgsamen Spatenstich, gute Kalenderkenntniß und genaue Erforschung des neuen Bodens; sonst welken die Sprößlinge oder — wollen wieder mit Glas überdacht sein.

Im Folgenden ist eine Reihe von Ideen, die für die Ziller'schen Bestrebungen charakteristisch sind, vertreten. Der Fortgang des Unterrichts an werthvollen erzählenden Stoffen, das inductive Ansteigen zur Regel, zum Allgemeinen, das analysirende Vorbesprechen des neuen Lehrstoffes, das concentrirende Verbinden der Lehrfächer: diese Grundsätze werden hier ihre Besprechung und Begründung finden und so zwar, daß sie aus dem begrenzenden Rahmen des besondern Systemes heraustreten und mit den Errungenschaften der Erziehungswissenschaft, die in deren Geschichte niedergelegt sind, in Verbindung gesetzt werden.

Den Zusammenhang mit der Geschichte der Systeme sollen auch die Anmerkungen aufrecht erhalten; sie beanspruchen nicht, das bibliographische Material des Verfassers zu repräsentiren, sondern wollen nur dem Kenner die Richtung von dessen Studien und Bestrebungen angeben.

Daß die vorgetragenen Ansichten mit Vorliebe an Aussprüche unserer Classiker angeschlossen sind, auch wo Citate aus Fachpädagogen nahe lagen, wird man bei Vorträgen, die an ein gebildetes Publicum gerichtet waren, angemessen finden. Wer belehren und einwirken will, muß an das anknüpfen, was ihm entgegengebracht wird; in unserer schönen Literatur finden sich alle Gebildeten zusammen und von da führt man sie am besten die Straße, die man eben betreten will.

Aber auch für den Lehrer, besonders den angehenden, halte ich es für werthvoll, oft darauf hingewiesen zu werden, wie viel in dem gemeinsamen, geistigen Schatze der Nation auch für seine besondern Zwecke zu suchen ist und daß er der Lectüre und dem Studium unserer Classiker nicht nur allgemeine Bildung des Urtheils und Geschmackes zu danken hat, sondern auch werthvolle Aufschlüsse und Winke für sein eigenes Schaffen.

Wie eine Kunde aus grauen Jahrhunderten klingt es, wenn man hört, daß die „sogenannten Classiker" aus gewissen Lehrerbildungsanstalten verbannt worden sind. Wenn sich die klägliche Engherzigkeit, welche jenen Ausdruck erfunden hat, nicht vor den Stamm- und Sprachgenossen schämt, so mag sie es vor unsern Nachbarn im Westen thun: die Werke eines dieser sogenannten Classiker, Goethe's, fand ich in der Bibliothek des Religionslehrers eines Lycée in Paris. Sapienti sat.

Wien im August 1868.

Der Verfasser.

Inhalt.

I. Einleitender Vortrag, 1. — II. Volksmärchen und Robinson als Lehrstoffe, 17. — III. Weitere erzählende Stoffe des erziehenden Unterrichts, 36. — IV. Der Unterricht und die eigene Erfahrung des Zöglings, 54. — V. Die Verknüpfung des Lehrstoffes, 78. — VI. Ueber die Verbindung der Lehrfächer untereinander, 100. — Anmerkungen: Zum ersten Vortrage, 122. — Zum zweiten Vortrage, 123. — Zum dritten Vortrage, 124. — Zum vierten Vortrage, 126. — Zum fünften Vortrage 128. — Zum sechsten Vortrage, 131.

I. Einleitender Vortrag.

Wenn Rousseau bei der Erziehung Emils die Eltern ausgeschlossen und alle erziehende Macht auf den Lehrer concentrirt wissen will,[1]) so liegt dieser Verirrung doch die richtige Anschauung zu Grunde, daß Einheitlichkeit und Folgerichtigkeit in Plan und Maßnahmen eine wesentliche Bedingung für das Gelingen des Erziehungswerkes sei. Rousseau verzweifelte, diese anders herzustellen als durch Trennung von Familie und Schule. Den Knoten, den er zerhieb, muß eine besonnene Pädagogik zu lösen suchen.

Pestalozzi faßte den Gedanken, die Erziehung in die Hände der Mütter zu legen, und ihm danken wir die unverlierbare Einsicht, daß die häusliche Erziehung den Grundstein zu aller Menschenbildung legt und daß die tiefen Wirkungen, welche die Verkettung der Familie, die Ordnung und Sitte des Hauses auf die Seele des Kindes ausübt, durch keinerlei Veranstaltung ersetzt werden kann. Darum wird auch die Schule nicht Erbin, sondern nur Mitarbeiterin im Erziehungsgeschäfte werden können. Sie wird auf jene Wirkungen vielfach zurückgreifen müssen und Sichtung, Anordnung und Beleuchtung der Eindrücke des Hauses ist, zumal für das kindliche Alter, eine ihrer ersten Aufgaben. Dafür werden auch ihr Forderungen an das Haus zustehen: giebt das Haus Wärme, so giebt die Schule Licht; pflanzte das Haus die ersten Regungen zum Erkennen und Wollen, so arbeitet die Schule auf Kenntnisse und Grundsätze hin. Darum muß das Haus den

Winken der Schule, ihre Thätigkeit zu unterstützen, zugänglich sein; es muß aus freien Stücken die Wirkungen der Schule zu verstärken suchen.

Nur wenn das Haus seinerseits die Erweiterung des Wissens, Könnens und Wollens, welche die Schule stiftet, mit Theilnahme verfolgt und den Eindrücken der Schule gleichsam einen Resonanzboden gewährt, in dem sie ausklingen können, und wenn andererseits die Schule ihre Lehren und Antriebe einzusenken weiß in den daheim begründeten Anschauungskreis des Zöglings: nur dann reichen die vereinten Wirkungen beider bis in die Tiefe der Seele hinab, in denen die Gesinnungen reifen und die Keime des Charakters schlummern.

Diesen Satz, Glaubenssatz wenn Sie wollen, meinte ich unsern Betrachtungen vorausschicken zu müssen. Denn was mir den Antrieb und die Zuversicht gab, Ihre Theilnahme in Anspruch zu nehmen, war nichts anderes, als die Hoffnung, eine Beisteuer geben zu können zur richtigen Würdigung dieses Satzes vom Zusammenwirken von Schule und Haus bei der Erziehung.

Hierbei muß ich einer andern Einrichtung gedenken, die sich ebenfalls die Verständigung von Familie und Lehrer zur Aufgabe setzt, der Schulabende, die hie und da in Aufnahme gekommen sind und zu gemeinsamen Besprechungen zwischen Eltern und Lehrern Gelegenheit geben sollen. Diese haben, wie unvermeidlich, eine bestimmte Schule zum Mittelpunkte; ihr Gegenstand ist wesentlich das kleine Leben der Schule. Nun ist allerdings in der Welt der Kleinen das Kleine groß und Verständigung über das Einzelne, Alltägliche nicht selten von bedeutendem Werthe. Jedenfalls machen jene Besprechungen eine andere Behandlungsweise von Erziehungsfragen nicht überflüssig, indiciren sie vielmehr, die nämlich, durch Eröffnung weiterer Perspectiven und Behandlung allgemeinerer Fragen das Interesse der Eltern auf Gegenstände der Schule zu lenken. Und das ist die Aufgabe, die ich diesen Vorträgen gestellt habe.

Daß Sie aber auch dem Speciellen, Einzelnen, wo es im

Dienste der Deutlichkeit und Anschaulichkeit heranzuziehen sein wird, Ihr Interesse nicht versagen werden, läßt mich der Umstand hoffen, daß die eigentlichen Kernstoffe des Unterrichts, wie sie der Reihe nach zu behandeln sein werden: das Volks-Märchen, die deutsche Sage, die homerischen Lieder, die altbiblischen Erzählungen u. A. Stoffe von bleibendem Werthe sind, zu denen der Erwachsene immer wieder gern zurückkehrt. Mit schöner Wahrheit sagt des Dichters Wort:

> „Nur durch der Jugend frisches Auge mag
> Das längst Bekannte neu belebt uns rühren,
> Wenn das Erstaunen, das wir längst verschmäht
> Von Kindesmunde hold uns wiederklingt."

So hoffe ich, daß von diesem Reize auch auf die Besprechung darüber, wie das längst Bekannte für das Kindesauge und den Kindermund zu gestalten sei, ein Weniges übergehe und Ihr Interesse gewinnen möge.

An die Kraft und Nachhaltigkeit dieses Interesse werde ich nun nicht geringe Forderungen zu stellen haben.

Es giebt ein Interesse, das es sich eben gefallen läßt, wenn ein Gedankenfaden vor ihm gesponnen wird, das sich einem gebotenen Stoff gegenüber hinnehmend und zuschauend verhält. Mit diesem Interesse darf sich bescheiden, wer einen Gegenstand behandelt, den er in der Hauptsache erschöpfen kann. Anders, wer aus einem vielverzweigten Gebiete ausgewählte Theile herauszuheben und vorzuführen beabsichtigt; er wird sich bewußt sein, daß er nur das Wenigste geben könne und das Meiste und Beste von dem für den Gegenstand wachgerufenen Interesse des Hörers zu erwarten habe.

Und dieses Interesse, das nicht nur aufnimmt, sondern das Angeregte weiter verfolgt, das die Gedankenfäden aus eigenem Antriebe fortspinnt und die unvermeidlichen Lücken des Dargebotenen selbst zu füllen strebt, dieses Interesse ist es, das ich angesichts des weiten Umfanges meiner Aufgabe zum Bundesgenossen anzurufen angewiesen bin. —

Die Unterscheidung zwischen empfangendem und weiterverfolgendem Interesse hat uns unvermerkt mitten in unsern

Gegenstand hineingeführt; denn sie ist zur richtigen Auffassung der Aufgabe des Unterrichts von der größten Wichtigkeit.

Es ist eine alte, oft wiederholte Regel: Unterrichte interessant, bereite dem, was du lehren willst, einen fruchtbaren Boden, dadurch, daß du Interesse dafür anregst. Bei dieser Auffassung ist der Zweck das Einprägen eines Lehrstoffs, das Mittel dazu die Anregung von Interesse dafür, um ihm den Eingang zu erleichtern. Damit gelernt werde, soll Interesse wachgerufen werden.

Eine tiefere Auffassung der Sache kehrt das Verhältniß geradezu um. Aus ihr erwächst die Vorschrift: Lasse lernen, damit ein Interesse begründet werde, führe dem Geiste Stoff zu, der der Sitz eines um sich greifenden, selbständig sich erweiternden Interesse werden kann.*) In der alten Regel ist unter Interesse eine augenblickliche günstige Disposition des Geistes, Etwas aufzunehmen, verstanden; in ihrer tieferen Auffassung dagegen die dauernde, angeregte Geistesstimmung, für die ein Wissensstoff nur der Kern ist, an den Neues und Neues anschießen soll.

Niemand wird der letzteren Auffassung den Vorzug versagen. Der Unterricht soll nicht, das leuchtet ein, ein gewisses Material des Wissens und Könnens im Geiste aufstapeln, sondern ihm die dauernde Stimmung der Empfänglichkeit und Angeregtheit geben. Lesen lehren allein thuts nicht; wird nicht auch der Trieb in die Leute gelegt, durch Lesen ihre Kenntniß zu erweitern, so lassen sie ihre Kunst brach liegen und sie stehen anderen nach, die nicht lesen können, aber sich um Vorleser drängen. Pedantische Akribie bei der Erklärung eines alten Schriftstellers kann wohl im Augenblick ein Verständniß für seinen Text erzielen — für den Augenblick; wird sie ihn vor dem Trödler oder dem Staube retten können, wenn das Examen vorbei ist?

Es ließen sich ähnliche Beispiele von dem Gegensatz des todten zum lebendigen Wissen noch viele beibringen; sie lehren: wenn die Wurzeln des Wissens nicht tief genug eingesenkt werden in die Seele, so stirbt es späterhin ab; nur wo das fortführende, weiterspinnende Interesse aufgeregt worden ist, tritt Wissen und Können in den Dienst des geistigen Lebens, wird es selber geistiges Leben.

Bestritten, wie bemerkt, wird dieser Satz in seiner allgemeinen Fassung keineswegs, aber nicht dieselbe Einhelligkeit herrscht über seine Anwendung und seine Consequenzen für die Gestaltung des Unterrichts. Man meint wohl, er müsse dem Unterricht als letztes Ziel vorschweben und gewisse Gegenstände eigneten sich, zumal auf höheren Stufen des Unterrichts, recht sehr in anregender und die geistige Thätigkeit belebender Weise behandelt zu werden: lassen Sie mich dieser Auffassung mit einem Spruch Göthe's erwiedern, der gewissermaßen den Text unsrer heutigen Betrachtung bilden wird: „Es genügt nicht, daß man Schritte zu einem Ziele thue, jeder Schritt muß selber Ziel sein." Auf Schritt und Tritt, heißt das in der Anwendung auf unsere Frage, muß beim Unterricht das Streben vorhanden sein, den neuzugeführten Wissensstoff zu wahrem Zuwachs des Geistes zu machen; nach dem Zweck, durch den Unterricht geistiges Leben zu stiften, muß auch jeder kleinere Abschnitt der Lehrthätigkeit geregelt werden.

Es ist eine vergebliche Hoffnung, daß einmal der Zeitpunkt kommen werde, wo gedanken- und kunstlos eingeschüttetes Wissen sich in geistige Kraft umsetzen werde; vielmehr muß von Anfang an und bis zum Einzelnen herab an dieser Umsetzung gearbeitet, die Masse im Kleinen flüssig gemacht werden, die im Großen starr und unbewegt liegen bleiben wird."

Welche Forderungen sich aus dieser Anschauung für Auswahl und Anordnung des Lehrstoffs ergeben, sollen Ihnen die drei nächsten Vorlesungen vorführen; welche Vorschriften sie für die Gliederung und Verknüpfung desselben an die Hand giebt, die beiden letzten; in dieser einleitenden Betrachtung soll aufgezeigt werden, welche Fingerzeige diese Anschauung giebt, die ohne große Veranstaltung, ohne Neubau von Lehrplänen von jedem einsichtigen Lehrer und Vater befolgt werden können.

Man begnügt sich vielfach, wie ich schon oben angedeutet, damit, dem Unterricht auf höhern Stufen die Anweisung zu geben, nach Kräften anzuregen und geistig zu beleben; auf niedern Stufen, heißt es, handle es sich um Erwerbung von Vorkenntnissen und Bereitung der Grundlagen für das Spätere, und da müsse denn viel gepflanzt werden, was erst später Früchte bringt, manche Arbeit durchgemacht werden, die unmittelbar allerdings nicht angethan sei, die Geistesthätigkeit zu erhöhen, die aber später sich reichlich verzinsen werde.³) In diesem Sinne sind beispielsweise weitaus die meisten Fibeln und Elementarbücher für fremde Sprachen angelegt. Sie machen nicht den Anspruch, die Kinder durch die zusammenhangs= und bedeutungslosen Worte und Sätzchen, die sie darbieten, anzuregen; dazu scheint es Zeit, wenn später größere Stücke oder ganze Werke gelesen werden. Auf den niederen Stufen, bei der Erlernung der Elemente, scheint die erste bestimmende Rücksicht die auf schnelle, sichere Einübung und nicht die auf Hervorrufung geistiger Thätigkeit zu sein.

Wir vertreten dem gegenüber die Ansicht, daß es, wenn irgend wo, in den **früheren Jahren**, wo der Unterricht nur zu leicht sich wie eine große, schwere Masse auf die junge Seele niederzusenken droht, geboten ist, **sich der jugendlichen Geistesthätigkeit anzuschmiegen, alle entgegenkommenden Regungen wahrzunehmen, aus jedem Quellchen des natürlichen kindlichen Interesses zu schöpfen.**

Aber wie können, müssen wir uns einwerfen, so unerbittlich= positive Dinge, wie etwa Lesen und Schreiben, so verarbeitet werden, daß ihnen das freisteigende Interesse der Jugend entgegen= kommt und sie ihr einen unmittelbaren Zuwachs an geistiger Thätigkeit gewähren? Das ist freilich mit ein Paar Worten nicht dargestellt, aber mit diesen läßt sich wenigstens die Richtung an= deuten, in der die Mittel zu suchen sind, das Geforderte zu leisten. Erste und letzte Regel: **Es werde nichts gelesen und geschrieben, was nicht das freisteigende Interesse der Kinder für sich hat.** Aus ihrem Gedankenkreise heraus werde der Stoff für beides entnommen. Die Erzählung möge ihn bieten, welche die Kinder gerade beschäftigt, oder ihre eigene Er= fahrung. Auf die zu schreibenden Sätze leite sie der Lehrer so hin, daß sie sie selber formuliren und aussprechen. Dann hat das Gelesene und Geschriebene für die Kinder subjectiven Werth, es gehört ihnen zu, ist ihnen etwas. Zugleich bildet sich von vornherein die werthvolle Gewohnheit, die Lese- und Schriftzeichen eben als Zeichen für eine Sache, für einen Inhalt anzusehen. Versteht es nun zudem der Lehrer, Schwierigkeiten und zu erwartenden Fehlern dadurch vorzubeugen, daß er die Aufmerksamkeit vorweg auf das richtet, worauf es ankommen wird, sowie das Streben nach einer schönen, correcten Leistung zu erwecken, so ist das angeregte Interesse stark genug, die mechanische Anstrengung, die unerläßlich ist, zu tragen.

Aber auch diese mechanische Arbeit läßt sich beim Schreiben noch wesentlich vermindern, wenn von den Elementen der Buchstaben ausgegangen wird und man dem eigentlichen Schreibunterricht Uebungen mit Strichen, Keilen, Ovalen u. s. w. vorausschickt und so das Verständniß für die Gliederung der Buchstaben begründet. Ist aber die mechanische Ausführung irgend welcher Art begleitet von dem genauen Wissen um dieselbe, so ist ihr Druck schon um ein Guttheil gemindert, denn der Ausführung von etwas wohl Gewußtem kommt eine Freudigkeit entgegen, die dem bloßen Nachbilden von etwas unverstanden Hingenommenem fremd ist.*)

Aehnlich sei es mit den Anfangsgründen einer fremden Sprache. Auch hier besteht ein Widerspruch von Mittel und Zweck, wenn man den kindlichen Geist in den Schutt von nichtssagenden Formen und Sätzen begräbt, damit er später einmal auferstehe und Sinnvolles und Inhaltreiches verstehen lerne. Das natürliche Interesse ist, wie bei der Muttersprache, so bei der fremden, zunächst nur auf den Inhalt gerichtet. Mit den fremden, seltsamen Worten ist eine schöne Geschichte erzählt: darum müssen sie gelernt werden; das ist ein einleuchtender Schluß. Aus dem für den Anfänger werthvollen Stoffe mögen immerhin ganz einfache Sätze herausgehoben werden: das freistehende Interesse ist ihnen sicher. Daß nun diese fremden Worte unter sich manche Verwandtschaften und Aehnlichkeiten haben, daß sie in verschiedenen Sätzen verschiedene Endungen tragen, und daß manche in gleicher Weise abgeändert werden, das ist eine Entdeckung des Kleinen

Sprachforschers, die nunmehr den Keim legt zu einem Interesse für die Worte. Diesem Interesse an der Beobachtung und Vergleichung der Worte muß reichlich Raum gegeben werden, ehe die Regeln über Veränderung und Bildung der Worte auftreten. Dann erst hat eine Regel, eine Tabelle für den Lernenden Werth; denn sie ist ihm dann nur eine knappe, exacte Bezeichnung von Eigenschaften der Worte und Satztheile, die er selber beobachtet hat.*)

Das Gesagte muß genügen, wenigstens dem Gedanken eine Stätte zu bereiten, daß wohl Mittel zu finden seien, den positiven Anfangsgründen ihre Sprödigkeit zu nehmen und ihnen eine Gestaltung zu geben, die das natürliche Interesse herausfordert und dadurch, anstatt Druck zu üben, Quellen geistiger Thätigkeit eröffnet.

Steht es vielleicht zu fürchten, daß man hiebei an die bei unsern Vorfahren beliebte Versüßung des Lernens zu denken sich gemüßigt fühle? Sie geht bekanntlich auf Basedow zurück, der die Anfangsgründe durch allerlei Scherze und Spielereien beizubringen suchte und beispielsweise das Lesen an zuckergebackenen Buchstaben übte und, um alle Süßigkeit zu erschöpfen, auf die beste Leistung ein Stück Zucker setzte. Philanthropinischen Ursprungs ist auch die Vorschrift, die Kinder müßten spielend lernen, die nicht wenig schielt, indem sie übersieht, daß das Lernen gerade eine Anspannung der Kräfte üben soll, die dem Spielen fremd ist.

Die Forderung, beim Lernen das freie Interesse zu benutzen und sich dadurch der geistigen Thätigkeit der Kinder zu versichern, liegt sehr weit ab von den verfehlten Versuchen, durch äußere Reize einem Lehrgegenstande Eingang zu erschmeicheln. Nicht erspart werden soll Anstrengung und Arbeit, denn nur durch sie erstarken die geistigen Sehnen; aber es soll ihr die freudige, empfängliche Stimmung zur Begleiterin gegeben werden, die sich einstellt, wenn der Gegenstand der Arbeit für den Zögling Werth und Bedeutung hat. Wie das Spiel für die freie, zwanglose Verarbeitung des Gelernten verwerthet werden kann, darüber nachher noch ein Wort.

Es giebt außer Lesen, Schreiben, Sprachlehre noch andere

Gegenstände, deren Vorarbeiten von wenig anregender Natur erscheinen. So scheint die Geschichte die Selbstthätigkeit erst erwecken zu können, wenn eine lang fortgesetzte Einprägung der wichtigsten Thatsachen vorangegangen ist, und jedenfalls liegt bei ihr, wie bei der Geographie, eine solche Masse des Stoffes vor, der gelernt werden muß, daß nicht abzusehen ist, wie durch zu kommen, ohne die Forderung der steten Umsetzung des Wissens in geistigen Zuwachs auf später zu vertrösten.

Aber wir halten fest an unserm Text: Kein Vertrösten auf ein entlegenes Ziel, auf spätere Ernten, sondern jeder Schritt ein Ziel.

Daß Data von hervorragenden geschichtlichen Ereignissen schon viel früher zu geben sind, als der synthetisch den Zeiten folgende, entwickelnde Geschichtsunterricht sie behandeln kann, ist nicht in Frage zu ziehen; nur ist zu leugnen, daß man sie darum als bloßen Gedächtnißstoff behandeln müsse.*) Der synthetische Gang des Geschichtsunterrichts ist eben nicht das einzige Mittel, mit historischen Zuständen und Vorgängen bekannt zu machen; ihm steht der analytische zur Seite, der von gegebenen Verhältnissen ausgeht und diese zu ihren Wurzeln durch die Masse der Begebenheit verfolgt. „Selbst in den alltäglichen Verrichtungen des bürgerlichen Lebens", sagt Schiller in seiner Vorlesung über Universalgeschichte, „können wir es nicht vermeiden, die Schuldner vergangener Jahrhunderte zu werden; die ungleichartigsten Perioden der Menschheit steuern zu unserer Cultur, wie die entlegensten Welttheile zu unserm Luxus . . . . Aus der ganzen Summe der Begebenheiten hebt der Universalhistoriker diejenigen heraus, welche auf die heutige Gestalt der Welt, den Zustand der jetzt lebenden Generation einen wesentlichen, unwiderstehlichen und leicht zu verfolgenden Einfluß gehabt haben." Und der Pädagog wird gut thun, ihm darin nachzufolgen, indem er seinerseits wieder das Wesentlichste des Wesentlichen und das Anschaulichste des leicht zu Verfolgenden herausgreift. Belehrungen über die deutschen Freiheitskämpfe, den dreißigjährigen Krieg, die Kirchenspaltung, die Entdeckungsreisen, ja selbst über die deutschen Kaiser des Mittelalters, die Ausbildung der Kirche kann der einsichtige Lehrer mit Leichtigkeit an Dinge und Verhältnisse anschließen, die den Kindern durch eigenes Sehen und Hören bekannt sind, und er kann so das Netz der Chronologie, das der spätere Unterricht vorfinden muß, bald an dieser, bald an jener Stelle desselben arbeitend, herstellen, ohne zu dem öden Memoriren seine Zuflucht zu nehmen.

Noch weitere Mittel giebt es, dem Suchen und Schließen, also den Thätigkeiten, die das wirksamste Gegengewicht gegen bloße Gedächtnißarbeit einlegen, einen breiteren Raum zu geben, als es auf den ersten Blick scheint.

Zunächst kann bei jeder Erzählung, vom Märchen an bis zur pragmatischen Geschichte hinauf, eine werthvolle Spannung hervorgerufen werden durch Innehalten an geeigneten Stellen und Vorblicke auf das, was wahrscheinlich weiter geschehen wird. Dabei ist das Bekannte noch einmal zu überlegen und sind ihm so weit thunlich, Folgerungen für das Unbekannte abzugewinnen, damit so die Erzählung des wirklich Eingetretenen einen um so mehr vorbereiteten Boden finde. Daß diese Uebung im Rückblicken und Vorblicken nicht nur hie und da zur Abwechselung anzustellen, sondern durchgehends festzuhalten sei, werden wir später in anderm Zusammenhang aufzeigen.[7])

Eine fernere Art und Weise, dem Umblicken und Combiniren schon im früheren Geschichtsunterricht Eingang zu schaffen, setze ich vielleicht am besten auseinander, wenn ich daran erinnere, wie Leben und Lectüre beim Erwachsenen die geschichtliche Kenntniß weiterführen, vorausgesetzt, daß rechtzeitig der Sinn dafür erweckt wurde. Leben und Lectüre führen uns Zustände und Ereignisse jetziger und früherer Zeit vor Augen, die, sobald sie unser Interesse erregt haben, auch die Frage Woher? Wie so? wachrufen. Wenn die Zeitung, ein Buch, ein Gedicht, ein Drama irgendwie lebhaft ein Bild aus der Geschichte in uns hervorruft, so haben wir das Bedürfniß, es einzureihen in unser geschichtliches Wissen, seinen historischen Hintergrund und seine Voraussetzungen uns zu verdeutlichen. Unser Interesse gleitet dann von dem vorliegenden Zustand oder Ereigniß auf andere damit verbundene über. Derartige Wege, wie sie die Selbstbelehrung einschlägt, sind immer

lehrreich für Gestaltung des Unterrichts, denn sie sind die Wege
des freien, sich erweiternden, von Gegenstand zu Gegenstand glei=
tenden Interesse und können bei vorsichtiger Uebertragung im Un=
terricht von Nutzen sein.

So behandele man denn Stoffe des deutschen Unter=
richts, Sagen und Gedichte, soweit sie sich dazu anschicken, in
diesem Sinne historisch, daß man das historische Material
sorgfältig aufsucht und fixirt. Dann wird man nicht wenig hell=
beleuchtete Partien der Geschichte gewinnen, die für einen spätern
zusammenhängenden Vortrag von großem Werthe sein können. Bei
diesem wird sich dann das Verhältniß umdrehen; er wird die
Dichtung zur Belebung der Geschichte benutzen, wie letztere vorher
dem allseitigen Verständniß ersterer diente.

Aber auch im eigentlich synthetischen, der Zeiten Lauf und
der Entwickelung der Dinge nachgehenden Geschichtsunterricht läßt
sich der Umschau und Combination eine Stätte bereiten. Wir
werden später zum Zwecke eines tief wirkenden Geschichtsunterrichts
zu verlangen haben, daß derselbe sich an hervorragende, der jugend=
lichen Auffassung zugängliche Werke, in denen Zeitbilder
niedergelegt sind, anschließe, als da sind die Odyssee, Hero=
dots Musen, der Hinaufzug der Zehntausend und Alexanders u. a.
Die Perioden, welchen sie angehören, rücken dann in das hellste
Licht; was sie vorbereitet, sie bedingt, ihnen folgt, wird gleich=
sam wie Randzeichnungen um jene Gemälde gelegt. Von
einem Zeitbild wird zum andern zurückgeblickt, die Unterschiede
werden bemerkt, ihre Ursachen gesucht und auf diese Weise eilen
die historischen Angaben Fragen entgegen, lösen Räthsel. Wir
werden bei der dritten Besprechung ein Beispiel eines solchen nach
Zeitbildern fortschreitenden und die Zwischenzeiten ergänzenden Ge=
schichtsunterrichts anführen.[8])

Auch bei der Geographie gilt es zahlreiche Ver=
knüpfungen in dem Stoffe zu stiften, um Combination und
Vergleichung in Anwendung zu bringen. Hier ist, wie später näher
zu zeigen, die engste Verbindung zwischen Geographie und Ge=
schichte indicirt. Den Wink, „daß die fernsten Zonen zu unserm

Luxus steuern", wollen wir auch nicht übersehen und uns durch die Spenden der Fremde nach deren Heimath versetzen lassen.

Aber trotz aller, das Gedächtnißmaterial belebenden Mittel bleiben noch immer Massen zurück, die nur durch das Gedächtniß aufgenommen werden können, und wir scheinen wenig gebessert zu sein, wenn wir doch schließlich an seine Arbeit appelliren müssen. Und freilich entrathen kann ihrer kein Unterricht. Es fragt sich nur, ob nicht auch das rein gedächtnißmäßige Aufnehmen so angestellt werden kann, daß es den Geist belebe, anstatt ihn zu drücken.

Dafür giebt uns der Unterricht in der Naturkunde einen beachtenswerthen Wink, indem er die Anregung von Sammlungen und die Ausbildung des Sinnes für das Sammeln empfiehlt. Im Sammeln ist die Vereinigung von Empfangen und Hinnehmen einerseits und selbstthätigem Anordnen, Einreihen, Gruppiren andrerseits gegeben. Die pädagogische Bedeutung von naturkundlichen Sammlungen besteht nicht bloß darin, daß dabei die sinnliche Anschauung sich oft und lebendig erzeugt, sondern ebenso darin, daß bei der allmähligen Erweiterung der Sammlung der Zuwachs als Bereicherung empfunden wird, daß vorhandene Lücken als solche gefühlt und mit Befriedigung ausgefüllt werden.

Kann es demnach in andern Fächern so eingerichtet werden, daß der Wissensstoff gesammelt wird, daß Reihen von zu merkenden Gegenständen gebildet, weitergeführt, ergänzt und abgeschlossen werden, so wird auch hier die Gedächtnißarbeit gestützt und getragen durch das freie thätige Interesse, das mit dem Sammeln verbunden ist.

Es lassen sich aber Namen, Zahlen, Worte so gut sammeln wie Schmetterlinge und Käfer und statt des Glaskastens genügt dazu ein Heft oder bloß ein Schubfach des Gedächtnisses.

In der Sprachlehre sind zahlreiche Reihen von Worten und Formen einzuprägen. Verfährt man damit, statt sie vom Blatt herunter lernen zu lassen, so, daß man sie entstehen läßt, wie die Lectüre darauf führt, so macht man das Interesse, das der stetig fortschreitenden Erweiterung innewohnt, zu seinem Bundesgenossen. Wieder ein neues Wort mit dieser oder jener Endung, wieder eine so und so gebildete Form, wieder eine Redewendung, wie sie dort und dort vorkam, wieder etwas für's Fremdwörterbuch, für die Sammlung gleichbedeutender Worte — und wie nun all' die Ausrufe bei neuem Funde lauten. Jedes neue Glied ist ein Erwerb; der Lernende sieht unter seinen Händen seinen Besitz wachsen und erhält das wohlthätige Gefühl der Bereicherung. Und ist es, um bei unserem Beispiel zu bleiben, dann Zeit, die knappen, vollständigen Reihen der Grammatik und des Vocabulars zu lernen, dann ist damit das Gefühl verbunden, an einem Ziele angelangt zu sein, dem man Schritt für Schritt näher rückte.*)

Sieht man davon ab, Gebirge, Flüsse, Städte eines Landes nach dem Compendium lernen zu lassen und begnügt man sich, jedesmal eine Reihe von Namen zu fixiren, auf die die Geschichte, Lectüre, Heimathskunde hinleitet, und sorgt dafür, diese Reihen präsent zu erhalten, so wird auch hier das Lernen als Zulernen empfunden und man macht sich die vorherbezeichneten Vorzüge des Sammelns vor dem einfachen Hinnehmen zu eigen.

Es ist eine falsche Gründlichkeit, die alles über einen Gegenstand Wissenswerthe auf einmal vor dem Lernenden ausschüttet, und in dem Streben, ja keine Lücken zu lassen, übersieht man, daß Lücken, wenn sie als solche gefühlt werden, das Treibende der Erkenntniß sind und daß Unausgefülltes zur Ausfüllung hindrängt. Aufgabe gründlicher Behandlung ist es vielmehr, die fixirten Reihen unausgesetzt festzuhalten und für ihre Weiterführung und ihren Abschluß zu sorgen.

Wir verlangten allmähliges Anwachsen der Reihen, um auf diese Weise bei jeder Gelegenheit des Zuwachses das Gefühl der Bereicherung zu erregen. Dieses Gefühl der Bereicherung dem Zögling oft zu geben, muß eins der näheren Ziele sein, auf die der Unterricht hinarbeitet, wenn er sich dem weiteren Ziele: Erhöhung der geistigen Thätigkeit, annähern will. Darum muß der Lehrer die Gelegenheiten wahrnehmen, den Zögling seines Erwerbes an Wissen froh werden zu lassen; sich nicht damit begnügen, daß er eine Reihe inne hat, eine Geschichte wiedererzählen kann, ein Gedicht auswendig weiß, sondern auch freudige Rückblicke auf die überwundene Arbeit veranlassen, den Schüler sich an der glatten fehlerlosen Reproduction erfreuen lassen. Wer gelehrt hat, weiß, wie sehr man geneigt ist, das zu versäumen, und sich damit zu begnügen, daß Etwas „gut geht" und im Eifer, weiter zu kommen, dieses Gutgehens gar nicht ordentlich froh wird.

Einen Anstoß, auf vollendete Leistungen hinzuarbeiten, geben die Aufführungen und Declamationen bei Schulfestlichkeiten, die mit Recht bei den alten Pädagogen in ausgedehnterer Weise statt-fanden, als jetzt üblich. Auch hier ist es wieder falsch, sie bloß den höhern Stufen zu vindiciren, während gerade die kleinen Leute solcher Gelegenheiten ihrer Mühen froh zu werden noch mehr be-dürfen.

Dies führt uns nun auf die leicht mißzuverstehende und miß-verstandene Forderung, es müsse überhaupt mit dem Ge-lernten etwas angefangen werden, es müsse praktisch be-währt werden, wenn es in wahrhaften Besitz des Geistes über-gehen solle.

Als Emil einmal seinen Hofmeister bei seinen astronomischen Lehren mit der Frage unterbricht: A quoi sert cela? A quoi cela est-il bon? verläßt dieser den Gegenstand sogleich und nimmt anderes vor. Am andern Tage führt er den Kleinen in den Park von Montmorency und verirrt sich absichtlich mit ihm. Emil wird müde und hungrig und weiß keinen Rath; da erinnert der Lehrer an die astronomischen Lehren von der Stellung der Sonne und den Weltgegenden. Mit ihrer Hülfe finden sie sich glücklich zu-rück und Emil ruft: L'astronomie est bonne à quelque chose. — Soyez sûr, bemerkt Rousseau, qu'il n'oubliera de sa vie la leçon de cette journée! Il faut parler tant qu'on peut par les actions et ne dire que ce qu'on ne saurait faire.[10])

So wenig nun die Frage: à quoi sert-il? bestimmend sein darf für den Unterrichtsstoff, so wenig Hunger und Thränen gerade nothwendig sind, den Werth einer Wissenschaft fühlbar zu machen, so ist es doch sicher pädagogisch richtig, daß die Gelegenheiten der Anwendung und praktischen Verwerthung des Gelernten nicht vor-über zu lassen sind. Wo thunlich, ist vom Schreiben und Rechnen praktischer Gebrauch zu machen. Ebenso von einer fremden Sprache, etwa in Gratulationen, Briefen u. s. w. Auch ist es wünschenswerth, von dem Lehrstoff aus Anregung ausgehen zu lassen zu technischen Arbeiten und Spielen. So werden die Kinder mit Genuß und Vortheil Robinsons Heerd, Kleidung und Geräthe anfertigen; ebenso Waffen, Rüstungen der Männer der Heldensage, Zelte der Erzväter u. a. m. Der geschichtlich-geographische Unterricht kann vortheilhaft unterstützt werden durch Anfertigung von Plänen, Karten aller Art, Reliefs, durch Abzüge von Münzen u. a. m.; der naturkundliche durch Anfertigung von Abzügen, von Blättern, Thonarbeiten mancher Art u. a. m. Ebenso läßt sich den erzählenden Stoffen Anregung zu Spielen, Aufführung u. s. w. abgewinnen. Dadurch wird erreicht einmal: eine Fortführung des Gedankenfadens, den der Unterricht spinnt, über die Unterrichtsstunde hinaus in das Leben der Kinder und andererseits wird das den Kindern natürliche Interesse an derartigen Arbeiten und Spielen gleichsam auf den Lehrstoff zurückgebogen.

Diese letzte Andeutung weist nun auch darauf hin, wie das Haus, die Familie die Bestrebungen der Schule, eine Erhöhung der geistigen Thätigkeit herbeizuführen, unterstützen kann.

Erwünscht wird der Schule Alles sein, was das Haus dafür thun kann, die Stoffe des Unterrichts in das Leben der Kinder überzuführen. Erweiterung der bezeichneten technischen Arbeiten, Anleiten zu Spielen, die auf Gegenstände der Schule Bezug haben, Darbieten von Lectüre, die dem Lehrstoffe verwandte Gegenstände behandeln.

Viel kommt hier auf den Tact an bei der Aufnahme dessen, was die Kinder von ihrem Unterrichte erzählen. Ein interesseloses Hinnehmen oder gar Abweisen würde das freisteigende Interesse dämpfen; ein gut gemeintes Weiterführen oder Ergänzen des Vorgebrachten könnte leicht der Schule vorgreifen. Die richtige Mitte ist wohl, dem kindlichen Berichte ein freundliches Gehör zu geben, Fragen über das Vorgebrachte anzuregen und durch Vorzeigen von darauf bezüglichen Gegenständen, Bildern u. s. w. die Kraft der Vorstellungen zu erhöhen.

Ueberblicken wir noch einmal den zurückgelegten Weg. Wir forderten, daß der Unterricht das Ziel unausgesetzt im Auge behalte, das dem Zögling zugeführte Wissen in wahre geistige Kraft, in geistiges Leben umzusetzen. Wir stellten mehrere nähere Zielpunkte auf, denen er zustreben müsse, um sich jenem zu nähern. Als solche bezeichneten wir: das Eingehen auf das der Sache, dem Inhalt zugewandten Interesse der Kinder bei Gegenständen des Formunterrichts, wie Schreiben, Lesen, Sprachlehre;[11]) die Einführung des Umblickens, Nachdenkens, Combinirens in Gegenstände des Sachunterrichts, wie Geschichte und Geographie; das allmählige Anwachsenlassen der Kenntniß nach Art der Sammlungen; die Erregung von Wohlgefühl und Besitzesfreude an errungenem Wissen und Können; endlich die Ueberführung des Unterrichts in das Leben der Kinder.

Demnächst wird nachzuweisen sein, an welchen Stoffen der Unterricht fortschreiten müsse, wenn er sich des ungetheilten entgegenkommenden Interesse bemächtigen und dadurch das geistige Leben erhöhen und erweitern will, und zwar werden wir zuerst die pädagogische Bedeutung des Märchens und Robinsons darzulegen haben, ein Thema, das eine gleichmäßigere, minder springende Behandlung gestatten wird, als das dieses einführenden Vortrages.

II. Volksmärchen und Robinson als Lehrstoffe.

Den Ausgangspunkt unserer vorigen Besprechung bildete das Verhältniß von Schule und Haus und wir erblickten in ihrem steten Zusammenwirken eine der wesentlichen Bedingungen für das Gelingen des Erziehungswerkes. Wir werden im Laufe unserer Betrachtungen zu diesem Gedanken noch öfter zurückkehren und manchen Pfad andeuten, der diese beiden Stätten der Menschenbildung verbindet; heute aber müssen wir eine Grenzstreitigkeit, die zwischen ihnen herrscht, zur Entscheidung bringen.

Man kann sich der Beschwerde gegenüber, die wir darüber führten, daß die Schule auf niederen Stufen mehr auf Fertigkeiten hinzuarbeiten pflegt, als auf Hebung der geistigen Thätigkeit, gerade auf unsern Satz von Zusammenwirken von Schule und Haus berufen und erwidern: Die Schule hat dazu ein Recht, weil sie auf die Ergänzung ihrer Thätigkeit durch das Haus rechnen darf. Das ist eben Aufgabe des Hauses, des Kindes Geist anzuregen durch Erzählen, durch Darbieten guter Bücher. Die Schule gönnt den Kindern von Herzen, daß sie mit Gegenständen zu thun bekommen, die ihrer Phantasie Spielraum eröffnen und ihr freies Interesse in Anspruch nehmen; aber sie selbst ist durch bringendere Arbeiten verhindert, selbst dafür zu wirken; das ist Domäne des Hauses; in den Mund der Mutter gehören die Märchen und andere gute Geschichten mehr.

Diese Erwiderung ist scheinbar genug und doch beruht sie

auf Unterschätzung der Aufgabe der Schule, auf Ueberschätzung der Leistungsfähigkeit des Hauses.

Die Schule unterschätzt die Tragweite ihrer Aufgabe, wenn sie diejenigen Stoffe von sich weist, mittels derer sie sich des kindlichen Interesse wie durch Nichts anderes bemächtigen kann. Auf die dem Kindesalter congenialen Erzählungen verzichten, heißt darauf verzichten, in das Innerste des kindlichen Vorstellens und Fühlens einzudringen, heißt auf das frei entgegenkommende Interesse, des Erziehers köstlichsten Schatz, verzichten, heißt verzichten auf die pädagogische Anknüpfung des Positiven und der Fertigkeiten, wovon die Erlernung nur dann mit der Hebung der geistigen Thätigkeit verbunden ist, wenn ihnen Gegenstände des kindlichen Interesse zu Grunde gelegt werden. Tiefwirkende, anregende Erzählungen bei Seite lassen und dem Hause überweisen, heißt mit einem Worte auf das Erziehen durch den Unterricht verzichten, der alsdann zur Instruction und zum Exercitium herabsinkt.

Die Schule hat die Pflicht, sich solcher Erzählungen zu bemächtigen, weil in ihnen eine erziehende Macht liegt, wie nirgendwo anders und die Schule erziehen, nicht bloß unterweisen soll.

Aber sie hat auch ein Recht, diese erziehende Macht in ihren Dienst zu nehmen. Man überschätzt die Thätigkeit des Hauses, wenn man ihm zutraut, daß es jenen Stoffen ihre volle erziehende Wirksamkeit abgewinnen könne. Eine gute Erzählung ist ein pädagogischer Schatz, dessen Bewahrung und Verwerthung nicht Jedermanns Sache ist. Einsichtige Eltern verbieten den Kindern Bilderbücher zu durchblättern und zu durchfliegen, weil ein Bild, wenigstens ein gutes, ein pädagogischer Werthgegenstand ist, dem bei richtiger Behandlung viel Lehrreiches abgewonnen werden kann: von einer guten Erzählung gilt dies noch weit mehr. Die zahlreichen Anschauungen, die sie reproducirt, die Vorstellungen, die sie aufregt, die Gefühle, die sie entbindet, sie sind der fruchtbarste Boden für das Samenkorn der Lehre. Wer eine Erzählung schlechtweg wiedergibt, ohne für ihre tiefere Wirkung Sorge zu tragen[12]), gleicht einem, der den Boden ackert, ohne zu säen; denn eine Erzählung — eine gute ist immer vorausgesetzt — ackert so recht eigentlich den Boden des kindlichen Vorstellens und der rechte Erzieher hat daran eben so seine Freude, wie der Landmann an dem frischen Dufte der Erde.

Allenfalls die Kunst der rechten Erzählung, nicht aber die größere des planmäßigen Weiterführens von dem, was sie im kindlichen Geiste anregt, steht dem Hause zu Gebote. Wann und wie das Haus eintreten kann und soll, werden wir nachher sehen, denn unthätig denken wir es allerdings nicht zu lassen.

Eine gute Erzählung war's, die wir im Ebengesagten durchweg voraussetzten; sehen wir nunmehr zu, welches die Ansprüche sind, denen eine Erzählung genügen muß, die wir einen pädagogischen Schatz nennen dürfen.[19])

Wenn ich als erste unerläßliche Forderung die bezeichne, daß sie wahrhaft kindlich sei, so sieht diese Form weniger streng aus, als sie in Wahrheit ist.

Es läßt sich leichter fühlen, als aussprechen, was einer Erzählung die wahre Kindlichkeit verleiht. Die Einfachheit sicher noch nicht. Eine einfache Erzählung, die vom Kinde verstanden werden kann, ist darum noch nicht kindlich. Die Einfachheit muß Einfalt sein. Nahe daneben gähnt der Abgrund der Einfältigkeit, an dem so viele Kindergeschichten straucheln. Eine einfache Erzählung läßt sich fabriciren, aber den Charakter der rechten Einfalt wird man ihr schwerlich geben können, ohne in schöpferische Tiefen unterzutauchen.

Nicht nur Aeußeres der Erzählung, Situation und Handlung muß diesen Charakter haben; auch die Empfindungen, die Beweggründe der Handelnden müssen einfältiglich sein und das eigene kindliche Empfinden, Wünschen und Streben wiederspiegeln. Aber darum ist es nicht erforderlich, daß die Personen der Geschichte Kinder seien; ja Könige, Prinzen und Prinzessinnen, wenn sie nur wie Kinder denken, sprechen und handeln, stehen der kindlichen Auffassung weit näher, als irgendwelche Parabelkinder einer gemachten Geschichte „für die fleißige Jugend."

Denn wie die echte Dichtung, so liegt die echte Kindergeschichte über die Wirklichkeit hinaus im Gebiete der Phantasie,

„benennt das luftige Nichts und giebt ihm festen Wohnsitz." Die echte Kindergeschichte weiß bei aller Schlichtheit in Handlung und Gesinnung sich der kindlichen Phantasie zu bemächtigen und sie in Schwung zu setzen.

Und welch' andere Bedeutung hat die Phantasie für das kindliche Seelenleben, als das der Erwachsenen. Bei letztern zeichnet die phantasirende Thätigkeit gleichsam nur Arabesken um das scharf ausgeprägte Bild der Wirklichkeit; das Kind denkt und lebt in solchen Arabesken, in die erst allmählich die wachsende Erfahrung die festen Striche der Dinge hineinschreibt. Die kindlichen Gedanken flattern noch spielend und unstet umher, aber das Märchen ist noch leichtbeschwingter als sie und holt die flüchtigen Sommervögel ein und weht sie zusammen, ohne ihnen den Schmelz von den Flügeln zu streifen — doch greifen wir nicht vor und sehen zu, welche weiteren Forderungen neben der der Kindlichkeit, deren Hauptseiten Einfalt und Phantasiereichthum sind, an eine echte Jugenderzählung zu stellen sind.

Die Pflege der phantasirenden Thätigkeit der Jugend ist Mittel, nicht Zweck. **Darum muß man in die Reiche der Phantasie eintreten, weil beim Kinde durch die Phantasie der Weg zum Herzen führt.** Und die Wirkung auf's Herz des Kindes ist das zweite Kennzeichen der echten Jugenderzählung. Damit ist nicht den sogenannten moralischen Geschichten das Wort geredet, die so kurzathmig sind, daß sie alle Augenblicke auf einem lehrhaften Gemeinplatz ausruhen müssen. Allgemeine Betrachtungen und Lehren sind überhaupt nicht geeignet, in der früheren Jugend den Sinn für das Sittliche zu bilden. Denn sie wenden sich an den Verstand und Willen des Zöglings und setzen voraus, was erst begründet werden soll. Die sittliche Bildung hat vielmehr darauf auszugehen, in dem Zögling das Urtheil über Gut und Böse, Recht und Unrecht zu erwecken, und jemehr Gelegenheit geboten wird, solche Urtheile zu fällen, mit Bestimmtheit und Wärme zu fällen, um so mehr wird die sittliche Einsicht bereichert, die dereinst den Willen bestimmen soll. Nicht was von einer moralischen Betrachtung übrig bleibt ist der Keim der Liebe zum Guten und Rechten: vielmehr ein vom Kinde selbst mit innerer Wahrheit ausgesprochenes: Das ist gut! Ein guter Mensch! „Garstige Leut"':

Sittlich bildend sind daher Erzählungen, die Gestalten und Verhältnisse vorführen, einfach genug, um durchscheinend zu sein für den sittlichen Gehalt, und lebensvoll genug, um dem sittlichen Urtheil Wärme und Kraft zu geben. Keineswegs ist dabei das Böse zu verschweigen oder mit übertriebener Schwärze zu malen, denn es bildet nicht minder das Urtheil, als das Gute, nur muß gesorgt sein, daß das Interesse sich nach dem Guten, Billigen, Rechten hinüber neige.[14])

Aber nicht nur sittliche Einsicht, sondern Einsicht überhaupt muß durch eine echte Jugenderzählung gefördert werden. Muß man gleich das Kind in seiner Phantasiewelt aufsuchen, so soll es doch der Wirklichkeit zugeführt werden; muß man gleich mit dem Knaben aus den verwickelten Culturverhältnissen der Gegenwart in die Zeit einfach großer Lebensformen auswandern, so ist doch die Kenntniß unserer jetzigen Verhältnisse das Ziel, dem er zugeführt werden soll. Darum wäre bei allen andern Vorzügen eine Jugenderzählung mangelhaft, die nicht Anknüpfungspunkte zu Lehren über die wirkliche Gestaltung des Lebens, wie über die Natur darböte. Kann doch auch nur dann das Positive und die Fertigkeiten, wie wir früher verlangten, an sie angelehnt werden und von ihr aus Anregung und Aufgaben erhalten.

Kindlich, sittlich bildend, lehrreich: drei Merkmale, die, in Strenge aufrecht erhalten, den Kreis der echten Jugenderzählungen schon recht eng ziehen würden. Nennen wir die vierte Forderung, so wird er noch mehr zusammenschwinden. Es ist die: eine echte Jugenderzählung muß von bleibendem Werthe, muß classisch sein, classisch in dem Sinne, daß jedes Alter in ihr einen Besitz hat und der Zögling stets zu ihr zurückzukehren Antrieb fühlt.

In diesem Punkte ist, wie wir früher schon mehrfach zu bemerken hatten, für die höhern Stufen gut gesorgt: Die Kleinen sind stiefmütterlich bedacht. Für die reifere Jugend wird das Classische ausgesucht, sie wird an die Musterwerke der alten, wie unserer Literatur herangeführt. Für die jüngeren Jahre, die

Kinder- und erste Knabenzeit, ist man minder wählerisch und meint, dies und jenes sei für dies Alter eben gut genug.

Wir werfen uns auch hier zu Sachwaltern der kleinen Menschenkinder auf und machen uns den köstlichen Göthe'schen Spruch zu eigen, der in schlagender Kürze das Wahre ausdrückt: **für Kinder ist das Beste eben gut genug.**

Gerade für die ersten Jugendjahre muß man um so wählerischer sein, weil sich in ihnen Eindrücke festsetzen, die zum Theil für das ganze Leben haften bleiben. Es ist hier mit den Erzählungen wieder wie mit den Bildern. Man kommt mit der Zeit von der Ansicht zurück, daß Bilder für Kinder nicht so besonders sein zu brauchen. So unverantwortlich es ist ungenügende und falsche Bilder sich der Phantasie eindrücken zu lassen, eben so verwerflich ist es, unbedeutende, nichtige, halbwahre Geschichten in die Seele zu legen, die sie vielleicht mit übelangewandter Treue bewahren wird.[18])

Auch darum ist das Ausgehen von werthvollen, classischen Stoffen bei der ersten Jugenderziehung geboten, weil nur sie zur **steten Rückkehr** einladen und auch für das spätere Alter ihre Bedeutung behalten. Wird das, was in jüngeren Jahren beschäftigte, späterhin weggeworfen, so wird auch ein Guttheil der erziehenden Wirkung weggeworfen, die es mit sich brachte. Wird die Jugend mit ephemeren Geschichten, die auftauchen und verschwinden, gehört und vergessen werden, genährt, dann verwehen auch die guten Eindrücke, die sie etwa mit sich brachten, schnell. Macht man sich dagegen zum Gesetz, nur Erzählungen, gleichsam von altem Adel, in sorgsamer Auswahl darzubieten und immer wieder den Blick auf sie zurückzulenken und das, was sie an Einsicht und Belehrung gebracht haben, wach zu erhalten, dann wird dem Unterricht der Zusammenhang, die Continuität gegeben, die ihm erst den Charakter des erziehenden verleiht. Und das ist ja der Vorzug von classischen Stoffen, daß man ihrer nie überdrüssig wird, daß sie jedem Alter neue Quellen des Genusses und der Anregung öffnen.

Damit hängt ein weiterer, nicht geringer Vorzug der Zugrundelegung classischer Stoffe zusammen, daß sie nämlich zugleich **dem**

Lehrer einen höhern Antrieb, eine größere Freudigkeit gewähren. Wer mit Knaben Homer und Herodot treibt (immerhin noch Uebersetzungen), ja wer Kindern die alten, echten, deutschen Volksmärchen, Sagen, Legenden erzählt, braucht sich nicht herabzubeugen zu ihnen; ihm so gut wie den Schülern giebt der Gegenstand geistige Nahrung, wenngleich in verschiedener Weise. Sind dem jugendlichen Geiste jene Stoffe „herrlich wie am ersten Tag", so schaut der gereifte aus seiner reicheren Anschauungswelt mit Freuden zu ihnen hinüber und verjüngt sich daran.

Sind jene Stoffe ein Band von Groß und Klein, so sind sie auch ein Band von Schule und Haus. Es will etwas anderes heißen, wenn die Eltern ihre Kinder mit Werken bleibenden Werthes, denen auch der Erwachsene nie entwächst, beschäftigt wissen, als wenn sie sie für Sachen in Anspruch genommen sehen, die dem Erwachsenen fade und nichtig vorkommen müssen. Im ersteren Falle wird manche Frage und Aeußerung der Kinder darüber ein freundlicheres Ohr finden und es werden sinnige Eltern jene Kindheitsschöpfungen der Menschheit in der eignen Kinder Geiste und Herzen nicht ohne Rührung wieder aufleben sehen.

Wir haben noch eine fünfte und letzte Forderung an die Erzählungsstoffe des erziehenden Unterrichts zu stellen. Die gute Wirkung werthvollen Inhalts wird aufgehoben oder sehr beeinträchtigt, wenn nicht der Zersplitterung dabei vorgebeugt wird, welcher man verfällt, wenn man encyclopädisch aus vielen Gebieten das „Schönste, Beste" zusammenträgt. Sollen classische Werke gleichfalls als Meilenzeiger der Stationen der Jugendentwicklung dastehen und sollen bei späterer Rückkehr zu ihnen die Stimmungen und Empfindungen wiedererwachen, die sie mit sich brachten, dann müssen sie eben einheitlich und geschlossen auftreten, mag immerhin auf ihre Vollständigkeit verzichtet werden müssen. Proben von allerlei Schönem und Großem an Stelle eines großen und schönen Ganzen sind überall im Unterricht zu verwerfen, am meisten für das jugendliche Alter, wo die Kunst des Unterrichts mehr als anderswo concentriren muß gegenüber der natürlichen Neigung der kindlichen Gedanken, sich zu zerstreuen. Nur einheitliche Stoffe begründen eine geschlossene Gedankenmasse, die Wirkung auf Fühlen und Wollen ausüben kann, geben reiche Gelegenheiten zu Vergleichungen, Rück- und Vorblicken und sind stark genug, für belehrende Besprechungen, wie wir sie früher forderten, ein Einheitspunkt zu sein.¹⁶)

Fünf Forderungen sind es demnach, die wir an eine echte Jugenderzählung zu stellen haben: sie sei wahrhaft kindlich, das ist einfältiglich und phantasievoll zugleich; sie sei sittlich bildend in dem Sinne, daß sie Gestalten und Verhältnisse aufzeigt, die, einfach und lebensvoll, das sittliche Urtheil billigend oder mißbilligend herausfordern; sie sei lehrreich, biete Anknüpfung zu belehrenden Besprechungen über Gesellschaft und Natur; sie sei von bleibendem Werthe, zur steten Rückkehr einladend; sie sei einheitlich, damit sie einen tiefen Eindruck bewirke und Quellen eines vielseitigen Interesses aus sich entlassen könne.

Die Jugenderzählung nun, die man bei Annahme der ausgesprochenen Grundsätze unbedenklich zum Ausgangspunkt aller weiteren machen wird, ist das **Märchen**, das heißt das **volksthümliche, Grimm'sche Märchen**.¹⁷)

Wir werden nunmehr aufzuzeigen haben, daß das Volksmärchen den aufgestellten Forderungen entspricht, und werden dabei manches Licht auf diese selber zurückfallen sehen.

Ob das deutsche Volksmärchen **kindlich sei, voll Einfalt und Phantasie zugleich?**

Ein tief poetischer Ausspruch von Jacob Grimm mag uns darauf Antwort geben. „Es geht durch diese Märchendichtungen innerlich dieselbe Reinheit, um derentwillen uns Kinder so wunderbar und selig erscheinen. Sie haben gleichsam dieselben bläulichweißen, makellosen, glänzenden Augen, die nicht mehr wachsen können, während die andern Glieder noch zart, schwach und zum Dienst der Erde ungeschickt sind."

Klaiber führt in einem Vortrage „Das Märchen und die kindliche Phantasie" (Stuttgart 1866) diese Stelle an und bemerkt dazu schön und wahr: „Ja, wenn wir einem Kinde in die lieben, treuen Augen blicken, in denen noch nichts von dem Lug und Trug der Welt zu lesen ist, und wenn wir sehen, wie bei einem schönen Märchen diese Augen sich glanzvoll erhellen und ahnungsvoll dehnen und erweitern, als schauten sie hinaus in eine schöne, große, weite Wunderwelt, dann empfinden wir etwas von dem tiefen Zusammenhang des Märchens mit der Kinderseele."

Noch eine Stelle sei aus dem mit Einsicht und Wärme geschriebenen Schriftchen, das den Zweiflern an der Berechtigung des Märchens ihre Bedenken schmeichelnd entwindet, herausgehoben. „Es ist wunderbar, wie das Märchen und die Kindesseele sich gegenseitig verstehen; es ist, als wären sie von Anbeginn beisammen gewesen und zusammen aufgewachsen. Von dem wirklichen Leben zieht das Kind in der Regel nur an, was es selbst oder Kinder seines Alters angeht; was darüber hinausliegt, ist ihm fern, fremd, unverstanden .... Vom Märchen dagegen läßt es sich mit Entzücken über Berg und Thal, über Land und Meer dahinführen, durch Sonne, Mond und Sterne bis an's Ende der Welt, und alles ist ihm so nah, so vertraut, so greifbar, wie wenn es überall selbst schon gewesen wäre, wie wenn sich dunkle Bilder in seinem Innern mit einem mal wundersam erhellten. Und auch die Feen alle und die Königssöhne und die andern vornehmen Persönlichkeiten, die es durch das Märchen kennen lernt, sind ihm so natürlich und verständlich, wie wenn es sein Lebtag in den höchsten Kreisen gelebt und Prinzen und Prinzessinnen zu seinen täglichen Spielgenossen gehabt hätte. Mit einem Worte: Die Welt des Märchens ist des Kindes Welt, denn es ist die Welt der Phantasie."

Darum leben und weben auch die Kinder im Märchen, mag es nun nach Art der Mütter oder in der Vorschule vom Lehrer erzählt werden.[18]) Welche Spannung, wenn die Erzählung wieder fortrückt; welche Bangigkeit, wenn dem Helden, mag es nun ein Königssohn sein oder ein Strohhalm, Gefahr droht, welche Trauer, die bis zu Thränen geht, wenn an einem unschuldigen Geschöpfe eine Unthat verübt wird. Und weit gefehlt, daß die Lust am Märchen nachließe, wenn es erzählt, besprochen, nacherzählt worden ist. Dann kommt das Fest der Aufführung, der Darstellung der Geschichte. Und wenn Eins auch nur eine Blume auf der

Wiese darzustellen hat, so verklärt sich das Gesichtlein von höchster Seligkeit.

Aber die kindliche Märchenseligkeit schwindet: was sie von inneren Erlebnissen mit sich brachte, bleibt. Ich behaupte nicht zu viel, wenn ich sage: **Wer nicht als Kind einmal dem Murmeln und Rauschen des frischen Märchenquells mit Wonne gelauscht, der wird für manchen tiefsinnigen Ton deutscher Dichtung kein Ohr und keinen Sinn haben.** Ist es doch der bescheidene Quell des Märchens, der zusammenfließend mit dem bald geschwätzigen, bald sanft und melodisch strömenden Bach des Volksliedes, und dem sinnig ernsten tiefen Strome der Sage sich einst so erfrischend über die deutsche Dichtung ergossen hat und aus dem vor Allen unser trefflicher Uhland so manchen herzstärkenden Trunk gethan.

Im Märchen ist, wie in Sage und Lied, der Volksgeist niedergelegt; und wäre es auch nur, um den nationalen Sinn zu heben und zu stärken, an die Schöpfungen des Volksgeistes hat sich der erziehende Unterricht immer von neuem zu wenden.

Was vorher von den classischen Stoffen überhaupt gesagt wurde, daß sie ein Band sind von Groß und Klein, Jung und Alt, das gilt von den volksthümlichen Erzählungen und Liedern in noch größerer Ausdehnung, als von allen andern: **sie sind zugleich ein Band zwischen den Ständen, ein nationaler Schatz, der Arm und Reich, Hoch und Niedrig vereint gehört.** Darum hat die Volksschule am allerwenigsten das Recht, das Märchen hintanzusetzen, zumal in unserer Zeit, wo die märchenkundigen Frauen aus dem Volke, deren Erzählungen Grimm lauschte, immer seltner werden.

Aber wie steht es mit dem, was wir den alten Adel der classischen Stoffe nannten beim Märchen? Bleiben wir in diesem Bilde, so ist das Märchen nicht nur adlig, sondern **ein rechtes Königskind unter den Geschichten**, das weithin herrscht und von Alters her über die Länder. Vor Jahrhunderten schon lebten die Grimm'schen Märchen in des Volkes Mund und nicht in Deutschland allein. Lauschen unsere Kleinen dem Aschenputtel, so ergötzt sich die französische Kinderwelt an Cendrillon, die italienische an der Cenerentola, die polnische am Kopciuszek. Daß die mittelalterlichen Geschichtenbücher Grimm'sche Märchen bringen, will nicht viel sagen, wenn wir bedenken, daß Gestalten und Züge des Märchens über die christliche Zeit hinausreichen, daß Frau Holle Hulda ist oder Frigg, die heidnische Göttin, daß der Wunschhut, das Hinkelbeinchen und Tischleindeckdich aus Attributen von germanischen Göttern gebildet worden sind. Endlich weisen Gestalten wie das schlafende Dornröschen, das ist die Erde im Winterschlaf, welches der Sonnenprinz wach küßt im Lenze, in das Gebiet uralter, indogermanischer Mythenbildung hinauf.

Hat aber denn das Märchen neben dem Adel der Classicität auch den sittlichen Adel, den wir für eine echte Jugenderzählung verlangten? Ist das Märchen sittlich bildend? Das ist es allerdings. Das Märchen führt in ein ideales Reich der einfachsten sittlichen Verhältnisse ein; die Guten und Schlechten sind streng geschieden; das Böse behält eine Zeit lang das Uebergewicht, der endliche Sieg bleibt dem Guten. Und wie lebhaft erzeugt sich beim Märchen das Urtheil über Gut und Böse, Recht und Unrecht! Rührende Bilder, besonders des Wohlwollens, der Treue voll Leben und doch typisch, treffen wir viele an. Es sei nur erinnert an die typische Wechselrede der treuen, kleinen Freunde Lenchen und Fundevogel. Sprach Lenchen: Verläßest du mich nicht, so verlaß ich dich auch nicht. Sprach der Fundevogel: Nun und nimmermehr. Man wird an das biblische Wort der treuen Ruth gemahnt: Wo du hingehst, da will ich auch hingehn, wo du bleibst, da bleibe ich auch, wo du stirbst, da will ich auch begraben sein.

Wichtig für das Leben der Kinder ist die Strenge, womit das Märchen den Ungehorsam und die Lüge straft. Man denke des tiefsinnigen Legendenmärchens vom Marienkind, das in seiner Verstocktheit von immer neuem Unglück heimgesucht wird, bis sein endliches Eingeständniß der Schuld ihm Gnade und volle Verzeihung bringt.

Ein christlicher Zug ist es überhaupt, der durch so viele Märchen hindurchgeht; es ist die Liebe für das Verstoßene, Gedrückte, von Allen Verlassene. Was mit Mühe und Last beladen ist, das erhält den Preis im Märchen, und die Ersten werden die Letzten.

So entspräche das Märchen den drei ersten Forderungen an die echte Jugenderzählung: es ist kindlich, von bleibendem Werthe, sittlich bildend. Was nun die Einheitlichkeit anlangt, so wird für Kinder von 6 Jahren (denn dies halten wir für das Alter, wo das Märchen erziehend wirken soll) genügen, daß die Märchen in einem Geiste erzählt werden, wenngleich sie nicht stofflich zusammenhängen. Weiß eine richtige Auswahl die Märchen nach innerem Zusammenhang anzuordnen, derart, daß vielfache Rückblicke gethan werden können, so wird auch die Forderung der Einheitlichkeit erfüllt.

Am wenigsten aber scheint das Märchen der Forderung zu genügen, daß die echte Jugenderzählung lehrreich sein, Ausgangspunkte zu unterrichtenden Besprechungen geben müsse. Dazu scheint das Märchen zu luftig und träumerisch, und es könnte nach Pedanterie aussehen, es mit Lehrstoff befrachten zu wollen. Dieses Fehlers macht man sich aber keineswegs schuldig, wenn man einfach die Vorstellungen, die es anregt, weiter verfolgt. Wenn vom Hühnchen, vom Fuchse, vom Schwan u. s. w. erzählt wird, ist es völlig dem kindlichen Sinne angemessen, daß untersucht wird, wie diese Thiere aussehen; wenn vom König geredet wird, liegt es am Wege, zu erzählen, daß wir auch einen König haben, wo er wohnt u. a. m. Eben weil das Märchen sich tief einsenkt und das ungetheilte, freie Interesse für sich hat, kann man über seine Gegenstände die Gedanken hierhin und dahin lenken, ohne daß die Freudigkeit daran nachläßt.

Richtet man einmal darauf sein Augenmerk, so fließt der Stoff zur Belehrung reichlich. Verschiedene menschliche Berufsarten und Beschäftigungen führt das Märchen vor, vom König bis zum Bauersmann, Schneider, Schuster u. s. w. Ebenso Vorgänge im Leben: Brautschaft, Hochzeit, Beerdigung; Arbeiten in Haus, Hof und Feld; zahlreiche Thiere, Pflanzen, Unbelebtes.

Für die Betrachtung der Thiere und das Verhältniß der Kinder zu ihnen ist es nicht unwichtig, daß sie das Märchen meist redend und fühlend einführt; dadurch wird die Theilnahme für das wirkliche Thier erhöht und die Lieblosigkeit verbannt. Wie sollte das Kind einem Thiere wehe thun, das ein alter Bekannter aus dem Märchen ist?

Die Frage der Lehrhaftigkeit des Märchens für den Sach- und besonders den naturkundlichen Unterricht würde die beste Erledigung finden durch Herstellung eines Märchen-Orbis pictus, der die Gegenstände bildlich darstellt, auf die eine Reihe sorgfältig ausgewählter Märchen hinleitet. Ein solcher würde vor gewöhnlichen Bilderbüchern der Art den großen Vorzug haben, **daß durch seine Darstellung sich ein Faden hindurchzieht und sie mit einem erziehenden Stoffe verknüpft.**

Nur erwähnen kann ich an dieser Stelle, wie dem Märchen auch der Stoff zu Uebungen im Sprechen, Syllabiren und Lautiren, zu den Vorbereitungen des Schreib-, Zeichen- und Rechenunterrichts und praktischer Arbeiten[19]) entnommen werden kann. So viel wird sich aus den letzten Andeutungen ergeben: es wird dem phantastischen Wesen des Märchens zwanglos und in völlig kindlicher Weise ein genügendes Gegengewicht gegeben dadurch, daß Dinge und Verhältnisse, auf die das Märchen hinleitet, zur Anschauung und Besprechung gebracht werden und so zugleich der Anfang gemacht wird mit der Belehrung über die Umgebung des Kindes.

Und nunmehr, nachdem die pädagogischen Schätze des Märchens nachgewiesen, und angedeutet worden, wie der Unterricht sie heben müsse, können wir auch dem Hause sein Recht widerfahren lassen. Ist für das sechsjährige Kind das Märchen in der bezeichneten Weise als Unterrichtsmittelpunkt verwendet worden, dann kann die Schule den Schlüssel zum Märchenschatze in der Mutter Hände niederlegen, mag sie sich auch vorbehalten zur Leseübung noch manchmal zum Märchenbuche zu greifen. Und um so unbesorgter kann daheim noch die Welt der Phantasie geöffnet bleiben, als die Schule nunmehr ein bedeutendes Gegengewicht gegen die phantasirende Thätigkeit einzulegen hat.

Besprechungen über Gegenstände der wirklichen Welt, aus Gesellschaft und Natur finden bei dem Märchen wohl ihre Stätte, aber es ist Zeit, daß sie breitere Ausdehnung gewinnen. Nach einem Faden nun, auf den derartige Belehrungen gereiht werden können, der uns vor dem Durcheinander des Orbis pictus rettet, gilt es zu suchen. Schon Rousseau hat danach gesucht und er hat gefunden. Die Stelle des Emil*) hat für die Geschichte der Pädagogik eine hohe Bedeutung gewonnen. Sie lautet:

„Sollte es wohl kein Mittel geben, so viele, in so vielen Büchern zerstreute Lehren näher zusammenzubringen, sie unter einem gemeinschaftlichen Gegenstand zu vereinigen, der leicht zu übersehen, interessant zu verfolgen wäre und auch dem jugendlichen Alter geistige Antriebe geben könnte? Wenn man eine Situation finden kann, worin sich alle natürlichen Bedürfnisse des Menschen auf eine sinnliche Art dem Geiste des Kindes zeigen und wo sich die Mittel, für diese Bedürfnisse zu sorgen, nach und nach mit derselben Faßlichkeit entwickeln: so muß man durch lebhafte und naive Schilderung dieses Zustandes seiner Einbildungskraft die ersten Uebungen geben .... Diese Situation ist gefunden .... Weil wir durchaus Bücher haben müssen, so ist eines vorhanden, welches nach meinem Sinne die gelungenste Abhandlung über die naturgemäße Erziehung ist. Dies Buch wird das erste sein, welches mein Emil lesen wird, es wird lange seine ganze Bibliothek ausmachen und es wird stets einen ansehnlichen Platz darin behaupten. Es wird der Text sein, welchem alle unsere naturkundlichen Besprechungen nur zur Erläuterung dienen; es wird bei unsern Fortschritten je nach dem Stand unsrer Einsicht zum Prüfstein dienen; und so lange unser Geschmack nicht verdorben ist, wird uns das Lesen desselben alle Zeit vergnügen. Welches ist denn dieses Wunderbuch? Ist es Aristoteles, ist es Plinius, ist es Buffon? Nein, es ist Robinson Crusoe."

Bei Rousseau's extremen Ansichten über die menschliche Cultur im Allgemeinen mußte ihm sein Fund von ganz besonderem Werthe sein, mußte die Paradoxie in der Vorführung eines Culturmenschen vor aller Cultur sehr anlocken. Von den Rousseau'schen Ueberspanntheiten kann man absehen; daß er in der Sache selbst das Richtige getroffen, bezeugt die große Wirkung, die seine Worte in der pädagogischen Literatur hervorgebracht und die heut zu Tage noch andauern.

Wir können uns über Werth und Bedeutung des Robinson

kürzer fassen, da wir hier dem allgemein Recipirten näher stehen und sogar die Ueberweisung des Robinson an den Lehrer als Bildungsstoff für siebenjährige Kinder bei häuslichem Unterrichte gar nichts Seltenes ist. Das Augenmerk werden wir auf den Nachweis zu richten haben, wie diese Erzählung das fortsetzen kann und soll, was der Märchenunterricht brachte.

Es bedarf keiner Ausführung darüber, daß die Geschichte von Robinson in Anlage und Fortschritt kindlich sei; das äußere Nebenwerk hat man längst für pädagogische Zwecke umgestaltet. Sie ist einfach und schlicht und phantasievoll zugleich. Freilich letzteres in ganz anderer Weise, als das Märchen, und hier liegt der Fortschritt auf der Hand. Im Märchen stößt die Phantasie noch selten unsanft an die Grenze des Wirklichen an. Anders im Robinson. Hier ist es die Phantasie der Praxis, wenn dieser Ausdruck nicht zu widersprechend klingt, die angeregt wird. Was wird jetzt Robinson thun? wie sich helfen? welche neuen Mittel ersinnen? So mancher Vorschlag der Kinder muß verworfen werden; das unerbittliche „es geht nicht" schiebt einen Riegel vor. Die Phantasie muß sich darauf beschränken, Wirkliches zu combiniren und zu verschieben: der Zwang der Dinge bestimmt den Fortschritt der Geschichte. „Leicht bei einander wohnen Gedanken, doch hart im Raume stoßen sich die Sachen."

Hier sind vor Allem, worauf wir früher hingewiesen, geboten die Vorblicke auf das, was wahrscheinlich geschehen wird. Da mag die kindliche Phantasie ihre Gespinnste schaffen, ein und der andere Faden wird fest genug sein, um an ihm dem Fortschritt der Geschichte nachzugehen.

In die Sachen führen die zahlreichen belehrenden Besprechungen ein, die sich an Robinson anschließen. Das Ueberall und Nirgends des Märchens macht den ersten geographischen Bestimmungen Platz. Die Erdtheile, die Hauptländer Europa's treten auf; zudem eine Reihe geographischer Anschauungen, wie Insel, Küste, Bucht, Fluß, Hügel, Berg, Meer u. a. Drastisch tritt der Unterschied der Klimate auf. Robinson fürchtet den Winter und trifft Vorbereitungen dagegen, aber seine Furcht ist nichtig, kein Winter kommt nach seiner Insel. Zur Belehrung über menschliche Beschäftigungen bietet sich die reichste Gelegenheit. Robinson tritt auf als Jäger, Fischer, Viehzüchter, Zimmermann, Töpfer, Koch u. a. m.

Bei Defoe kommt er mit nicht wenig Werkzeugen versehen nach der Insel. Mit Recht haben einzelne Jugendbearbeitungen, Rousseau's Andeutungen nachgehend, davon abgesehen und lassen ihn sich die einfachsten Werkzeuge selbst bereiten. Erst später findet er in einem gestrandeten Schiffe vollkommnere Werkzeuge und diese haben alsdann, oft vermißt und ersehnt, doppelten Werth für ihn und seine kleinen Freunde.

Zahlreich sind die Aufgaben, die Robinson's Erzählung an die Naturkunde stellt. Es könnte hier bedenklich erscheinen, daß die tropischen Naturerzeugnisse behandelt werden müssen, während die Kenntniß der heimathlichen noch so wenig vorgeschritten ist. Aber einmal ist hier Beschränkung auf das Nothwendigste geboten und auf solches, was vorgezeigt werden kann, andererseits sind bei Gelegenheit der tropischen Producte die verwandten heimathlichen in die Besprechung zu ziehen. So die Getreidearten beim Mais, unsere Schlinggewächse bei denen der Insel, Specht und Kuckuck beim Papagei (Klettervögel) u. s. f.

Zeichnen, Rechnen, praktische Arbeiten erhalten Aufgaben genug aus der Geschichte. Auch das Singen kann an Stimmungen der Geschichte angelehnt werden: „Das Meer ist tief", „Auf Matrosen die Anker gelichtet", „Mit dem Pfeil, dem Bogen" sind rechte Lieder zu Robinson.[21]) Das Schreiblesen schreitet an Sätzen aus der Geschichte fort.[22])

Die Einheitlichkeit der Erzählung hebt schon Rousseau's Aeußerung hervor. Die Einheit der Erzählung erhöht die Spannung und das Interesse für den Helden, der durch so viel Schicksale hindurch verfolgt wird, hierin für die Kinder ein Vorläufer des vielerfahrenen Odysseus. Die Gelegenheiten zur Vergleichung, wie er sich in dieser, wie in jener Situation angestellt habe, werden nicht vorüber zu lassen sein.

Neben der äußern Einheit hat die Erzählung aber auch eine innere sittliche. Rousseau achtet nicht darauf, indem er die Geschichte mit dem Schiffbruch beginnen lassen will, und dadurch

Verzicht darauf leistet, eine Seelengeschichte zu geben. In der Gräbner'schen Robinson-Bearbeitung aber, die sich mehr an Defoe anlehnt, ist Robinsons Schicksal eine Strafe für den Leichtsinn seiner Jugend, für den Ungehorsam gegen die Eltern, und der Aufenthalt auf der Insel ist die Zeit seiner Besserung und inneren Wiedergeburt. Zuerst grollt er mit dem Geschick; allmählich wird seine Stimmung ruhiger, obwohl noch keine Reue sich einstellt; aber eine Krankheit, die ihn niederwirft, ruft ihm das Bild seiner Eltern, besonders der treuen Mutter, deren liebende Pflege er nun so schmerzlich vermißt, lebendig vor die Seele. Und das erste Mal ergreift die Reue über seine Thorheiten und sein bisheriges Leben sein Herz und nun kehrt er bei den Gefühlen seiner bessern Jugendjahre ein, bei der Religion, und jetzt durchdringt allmählich das religiöse Gefühl sein ganzes Denken und Schaffen.

Das Familienleben mit seinem tiefen sittlichen Gehalt findet unmittelbar keine Stätte in der Geschichte Robinsons, aber es tritt in um so hellere Beleuchtung dadurch, daß Robinson es so schmerzlich vermißt und über den geringen Ersatz dafür, den er durch Freitags Bekanntschaft erhält, so glücklich ist. Wie der Werth der bürgerlichen Gesellschaft mit ihrer Arbeitstheilung im Robinson um so greifbarer vor die Augen tritt, da wir die Entbehrungen und Mühsale Eines, der der Gesellschaft entrückt ist, verfolgen, so spiegelt sich der Segen des Familienlebens ergreifend in der tiefen Sehnsucht des Familienlosen. Wie viel Anlaß ist hier an dem eigenen Leben der Kinder, die Segnungen der Familie zum Bewußtsein zu bringen!

Wie wenig alle berührten Vorzüge der Erzählung an dem noch immer landläufigen Campe'schen Robinson, der an sachlichen Unrichtigkeiten und einer faden, wässrigen Moral leidet, zur Wirkung kommen, weiß jeder, der das Buch kennt. Es sei daher hier nochmals auf die Robinson-Bearbeitung von G. A. Gräbner verwiesen, die im Sinne des erziehenden Unterrichts angelegt ist und auch der Erzählung und schulmäßigen Behandlung untergebreitet werden muß.

Wie steht es aber bei Robinson mit der Rückkehr, zu der jede echte Jugendgeschichte immer von Neuem einladen muß? Wird

Kindern von 7 Jahren in sorgfältig vereinfachter Form die Geschichte erzählt, mit ihnen verarbeitet, so kehrt das 10-, 11-, 12-jährige mit Freuden zu einer reichern, ausführlichern Bearbeitung zurück; denn sie erweckt ihm nicht nur die Erinnerungen der ersten Bekanntschaft, sondern bringt noch des Neuen und Anziehenden genug. Aber auch dem Erwachsenen darf zugemuthet werden, daß „Robinson einen ansehnlichen Platz in seiner Bibliothek behaupte", und zwar der ursprünglich Defoe'sche Robinson, the life and surprising adventures of Robinson Crusoe, ein Buch von hohem literarischen Interesse.

Wir verdanken Hermann Hettner den Nachweis der Bedeutung Defoe's, der gewöhnlich unterschätzt wird, und darum mag hier eine kleine Abschweifung in die Literaturgeschichte gestattet sein.[23]) Defoe ist einer der bedeutendsten englischen Schriftsteller zur Zeit der zweiten englischen Revolution. Er ist eifriger Gegner der Anmaßung der Hochkirche und treuer Anhänger von König Wilhelm. Sein national-ökonomisches Werk Essay on projects bezeichnet Hettner als ein tonangebendes Buch, dem besonders Franklin viel verdankte. Seine Bücher The family instructor und The religious courtship sind noch heute in England beliebte Familienbücher. Der Dichter des Robinson ist der erste Begründer der englischen öffentlichen Banken, der Schöpfer der Handel- und Feuerassecuranzen, sowie der Sparkassen, endlich der hauptsächliche Begründer der politischen Vereinigung von England und Schottland.

Ueber Robinson selbst sagt Hettner: „Der Erfolg des Buches war beispiellos; sogleich bei seinem ersten Erscheinen wurde das Buch von Alt und Jung, Hoch und Niedrig wahrhaft verschlungen .... das Buch wurde fast in alle Sprachen der Welt übersetzt; in den Wüsten von Botany-bay wurde es mit demselben Entzücken gelesen, wie in dem Gewühl von London und Paris und St. Petersburg; unter dem Namen der Perle des Oceans wurde es ein Lieblingsbuch der Araber." Und über seinen innern Gehalt an einer andern Stelle: „Es rollt sich vor uns ein Bild auf, so groß und gewaltig, daß wir die allmähliche naturwüchsige Entwicklung des Menschengeschlechtes klar überschauen. Der Robinson ist, wenn der Ausdruck erlaubt ist, eine Art von Philosophie der Geschichte."

So viel zum Nachweis, daß der Robinson kein ephemeres Buch ist, sondern „eine Welt- und Völkergabe", wie ihn ein geistvoller Pädagog genannt hat.²⁴)

Wir werden demnächst die weiteren erzählenden Stoffe der Jugendbildung zu betrachten haben, die nunmehr den Eintritt in die Geschichte eröffnen, wozu die eben behandelten nur Vorarbeiten gaben.

III. Weitere erzählende Stoffe des erziehenden Unterrichts.

(Fortsetzung.)

Wie der Unterricht in der Geschichte gestaltet werden könne, um der Selbstthätigkeit des Zöglings, dem Combiniren, Zusammenfassen, Vor- und Rückblicken eine Stätte zu schaffen und so selbst der Masse des Positiven Quellen geistiger Thätigkeit abzugewinnen, darüber haben wir im ersten Vortrage Andeutungen gegeben. Wir müssen jetzt auf den Gegenstand zurückkommen, denn die Frage, durch welche erzählenden Stoffe man weiterhin sich des Denkens und Fühlens der Jugend versichern solle, führt uns mitten in den Geschichtsunterricht hinein.

Es fehlt viel, daß die Pädagogen in den Fragen des Geschichtsunterrichtes sich verständigt und eine gemeinsame Basis gefunden hätten. Von der einen Seite wird die Darstellung „vom culturhistorischen Standpunkt" empfohlen, von der andern die biographische, mehr die Thaten als die Zustände betonende; von einer andern wieder das Zurückgehen auf die Quellen, endlich noch das concentrische Fortschreiten vom gegebenen Standpunkt aus.[25]) Wir können uns an dieser Stelle mit kritischem Eingehen auf die verschiedenen Ansichten nicht befassen, wir müssen eine Entscheidung treffen, haben sie schon getroffen, denn die bis hierher ausgesprochenen Grundsätze zeichnen uns einen ganz bestimmten Weg vor. Betreten wir ihn getrost, vielleicht fällt uns manches zu, was jene verschiedenen Methoden als ihre eigenthümlichen Vortheile bezeichnen. —

Wir sind im Leben geschichtlich bedingt auf Schritt und Tritt; der Griffel der Jahrhunderte hat die Grenzen unserer Staaten gezogen; die Hände unserer Vorfahren haben für uns gebaut, gearbeitet, das Schwert geführt; ihre Köpfe für uns gesonnen, erfunden, entdeckt. In fertige Zustände, fertige Gedankenkreise, in denen das Denken von Jahrtausenden „verdichtet" niedergelegt ist,[26]) wächst jeder neue Weltbürger hinein.

Die Geschichtsforschung belehrt uns über unser Bedingtsein durch Thaten und Vorgänge früherer Zeit und hebt dadurch den dumpfen Druck auf, mit dem auf dem Unkundigen, fremdartig und unverstanden, der Niederschlag der Jahrhunderte lastet. Ist es nicht menschenmöglich, die Abhängigkeit der Gegenwart von der Vergangenheit aufzuheben, so ist es menschenwürdig, sie in eine bewußte zu verwandeln und das Fertige als Gewordenes, Entwickeltes zu begreifen.

Was für die wissenschaftliche Forschung ein weiteres Ziel ist, muß für den Unterricht ein näheres sein. Der Erzieher darf sich nicht mit der Hoffnung begnügen, daß der Zögling von seinem geschichtlichen Wissen jenen menschenwürdigen Gebrauch machen wird, sondern er muß auf jeder Stufe den Rücklauf von der Gegenwart in die Vergangenheit mit ihm vornehmen und ihn so nicht nur lehren, sondern — was überall in der Erziehung das ungleich Bedeutendere ist — gewöhnen, in der Gegenwart die Wirkung des Vergangenen zu sehen. Diesen Geschichtsunterricht, der das Gewebe der Zustände der Gegenwart auflöst und die Fäden rückwärts nach ihrem Ursprunge zu verfolgt, nennen wir den **auflösenden, das ist analytischen Geschichtsunterricht**. Wir werden auf ihn und seine Vorzüge zurückkommen, wenn wir von dem Verhältniß des Unterrichts überhaupt zur eigenen Erfahrung des Zöglings sprechen; — da ist sein Ort, denn bei analytischer Behandlung der Geschichte bildet die eigene Erfahrung des Zöglings den Ausgangspunkt, an selbst Gesehenes, Erlebtes hat sie anzuknüpfen; — hier müssen wir auf seine Einseitigkeit hinweisen, die zur Ergänzung durch eine andere Behandlung hindrängt.

Der analytische Geschichtsunterricht arbeitet in Mosaik, seine Daten finden nur in der bunten, vielgestaltigen Gegenwart ihre Vereinigung, nicht unter sich. Er würde beispielsweise von Cäsar lehren, daß von seinem Namen unser Kaiser, von seinem Titel das französische Empereur stammt; daß er als Eroberer Galliens den Grund gelegt hat zur Romanisirung der Kelten, also den Grund zur französischen Sprache; daß der von ihm verbesserte Kalender noch heute als Kalender alten Styls benutzt wird und dem des neuen Styls zu Grunde liegt; daß der Monat Julius nach ihm benannt ist; daß von ihm „geflügelte Worte", wie veni, vidi, vici u. a. m. herstammen und wodurch etwa sonst Cäsar bis in unsern Gesichts- und Gedankenkreis hineingreift. Daß dadurch, bei aller kunstreichen Belebung, Verbindung und Weiterführung solcher Daten, kein oder nur ein unzureichendes Bild des Mannes entsteht, liegt auf der Hand.

Ueberhaupt tritt bei der analytischen Behandlung der Mensch hinter dem Werke zurück und doch kann der Geschichtsunterricht nur durch Aufweisen von Menschenbildern die Theilnahme für menschliche Geschicke, Sinn für menschliche Größe wie für menschliche Beschränktheit erregen. Wie keine Menschenbilder, so giebt diese Behandlung der Geschichte auch kein geschichtliches Ganze, das vielmehr, wenn es übersichtlich und der jugendlichen Fassungskraft zugänglich und sympathisch sein soll, gerade da zu suchen ist, wohin die Fäden, welche in die Gegenwart einlaufen, kaum mehr reichen: in der Vorzeit.

Die Ergänzung des analytischen Geschichtsunterrichts ist der selbstständig aufbauende, zusammensetzende, synthetische. Er soll Menschen- und Zeitbilder geben. Er soll die Theilnahme für Menschen früherer Zeiten, ihr Dichten und Trachten, ihr Leiden und ihr Glück begründen; er soll das Menschliche herauserkennen lehren aus den wechselnden Trachten, Gestalten, Formen, in die es sich an verschiedenen Orten, zu verschiedenen Zeiten gekleidet; er soll die Güter der Cultur, die wir genießen, in ihren Anfängen aufzeigen, ihren Werth zum Bewußtsein bringen und den Grundsatz in die Seele des Zöglings legen, auch an seiner Stelle bereinst an der Erweiterung, Verbreitung und Verallgemeinerung jener Güter mit zu arbeiten. Endlich fällt ihm die Aufgabe zu, die Ausbildung des Urtheils über Gut und Böse, Recht und Unrecht zu pflegen, jene ersten, aber kräftigen Anfänge des kindlichen Lobens und Tadelns, wie wir ihrer früher gedachten, weiterzuführen und zu bewußten, klaren und scharfen Aussprüchen des sittlichen Sinnes umzubilden.[27])

Beide Behandlungsweisen der Geschichte ergänzen einander. Die erste hebt aus der Menge des Geschehenen heraus, was zur Gestaltung der Gegenwart beigetragen, und weiß unserm gegenwärtigen Leben historische Perspectiven abzugewinnen; die andere hebt Menschenbilder aus dem Strome der Zeiten heraus, an denen sich das Herz, Zeitbilder von einfacher übersichtlicher Zeichnung, an denen sich der Blick übe, zum einstigen Verständniß der eignen Zeit. Denn dem Verständniß dieser dienen beide; realistisch, spürend, verknüpfend, verfolgend die erstere, idealer, aus dem Ganzen arbeitend die letztere.[28])

Die Normen, die wir für echte Jugenderzählungen aufgestellt, werden für die Bestimmung der Stoffe, an denen der synthetische Geschichtsunterricht fortzuschreiten hat, maaßgebend sein. Wir werden ihnen die Einheitlichkeit nicht erlassen können, da die Gefahr der Zerstreuung in diesem Gebiete sehr nahe liegt und nur dem Einheitlichen, Geschlossenen eine tiefere Wirkung innewohnt. Auch ist, da wir jene Stoffe auch lehrreich denken, das ist geeignet, um Belehrungen verschiedener Art daran anzuknüpfen, ein innerer Zusammenhalt um so nöthiger. Stellt man sich die Aufgabe, einer Reihe von Erzählungen Züge abzugewinnen zur Kenntniß des Landes, in dem sie spielen, der Lebensformen, Sitten, Anschauungen der Menschen, die in ihnen auftreten, dann wird man von selbst dazu hingedrängt, sie zusammenhängend und auf einander bezogen zu wählen, weil der Stoff sonst unter jener Behandlung zerbröckelt. Die Aufgabe der sorgsamen Ausbeute eines historischen Stoffs bringt auch die berechtigte Forderung mit sich, daß er dieser Sorgfalt werth sein möge, daß er nicht nur im

Ganzen, sondern auch im Einzelnen von dem Geiste, der ihm entnommen werden soll, belebt sei. Das führt auf die Quellen, die wir wohl in größerer Zahl dem Schüler zugänglich machen, aber nur in der Auswahl eingehend behandeln: nur die classischen. Wenn irgendwo, so ist es im Geschichtsunterricht geboten, das verfolgende, weiterspinnende Interesse in Thätigkeit zu setzen; denn er bedarf vor Allem der Ergänzung durch die eigene Lectüre des Zöglings.²⁹) Wer nur Skizzen giebt, regt nicht zu ihrer Umschaffung in Bilder an; das thut der, welcher ausgeführte Bilder zeigt und Skizzen daneben, die ähnlich auszuführen sind. So sind Abschnitte aus Quellenschriften von hervorragender Bedeutung eingehend zu behandeln, andere Theile sowie andere Schriften nur im Auszuge zu geben und der eigenen Lectüre zuzuweisen.

Einfalt, Phantasie, sittlich-bildende Kraft, wir werden sie auch an den Stoffen des Geschichtsunterrichts nicht missen dürfen. Auf die Kindheitsperiode der Menschheit weisen alle drei Forderungen. Da sind die Schöpfungen zu finden, die dem jugendlichen Sinne congenial sind, in die er sich schnell und freudig hineinlebt, in denen sich mit der regsten Phantasie jene monumentale Einfalt, jene keusche Reinheit und Hoheit der Gesinnung vereint, wie sie, in den reiferen Perioden der Dichtung so oft nachgeahmt, nie erreicht worden sind.

In jene Periode weist uns schon die andere Rücksicht, daß das Zeitbild, welches der Jugend vorgeführt werden soll, ein übersichtliches, geschichtliches Ganzes sein muß und die Vereinigung von wesentlichen Gütern der Cultur aufzeigen muß, ohne doch über das kindliche Vorstellen hinauszugehen. —

Ein geschichtliches Ganzes fordern wir; werden wir auch verlangen dürfen, daß der Unterricht das geschichtliche Ganze, das Ganze der geschichtlichen Entwicklung in sein Bereich ziehe? Wir werden es, wenn es ein Gebiet der Geschichte giebt, in dem die Gesetze des geschichtlichen Lebens der Völker oder — in der Sprache des Glaubens, welche auch die der Erziehung sein wird — ihre göttliche Leitung prägnant und vorbildlich für das Ganze zum Bewußtsein gebracht wird. Dies Gebiet ist das der biblischen Geschichte.

„Die biblische Geschichte ist getragen von der Anschauung, daß die Geschicke eines Volkes Maaßregeln Gottes zu seiner Leitung und Vervollkommnung sind, und ihre Bedeutung für sittlich-religiöse Bildung der Jugend liegt darin, daß sie die Stätte giebt, den Glauben an die göttliche Leitung des Menschengeschlechts überhaupt zu pflanzen. Verfehlt wäre es, alle Geschichte in diesem Sinne lehren zu wollen; denn viel fehlt, daß der Glaube an den Gottesfinger in den Völkergeschicken zur vollen Erkenntniß gebracht wäre; aber unerläßlich ist es, daß in dem Aufbau eines sittlich-religiösen Gedankenkreises, wie ihn die Erziehung erstrebt, dieser Glaube seine Stelle finde. Darum wird die Geschichtsschreibung der religiösen Tendenz, wie sie in der Bibel vorliegt, im Unterricht stets ihre Stelle neben der objectiven Geschichtsdarstellung behaupten und die biblische Geschichte nicht in die Profangeschichte aufnehmen dürfen, wenngleich nicht ausgeschlossen ist, daß beide in vielfache Verbindung treten."[30])

Damit ist die Bedeutung der biblischen Geschichte für den Geschichtsunterricht angedeutet; eine andere ist die für den Religionsunterricht, der ihr seinerseits die Begründung und Beleuchtung der positiven Lehren der Religion abgewinnt. Ihm ist sie Geschichte der Offenbarungen, jenem ist sie die Geschichte der göttlichen Erziehung eines Volkes, Vor- und Musterbild der göttlichen Erziehung der Völker. Hier ist die Stelle, wo Religions- und Geschichtsunterricht, beide so mächtige Hebel der Erziehung, sich berühren; wer in der Begründung eines einheitlichen Gedankenkreises durch die Erziehung eine Gewähr gegen künftige innere Zerklüftung und Zerfahrenheit zu erblicken vermag, wird die Fruchtbarkeit jener Berührung würdigen.[31])

Aber die biblische Geschichte, zumal die der Patriarchenzeit, hat und löst noch eine andere Aufgabe, die nämlich der Vorbereitung von allem geschichtlichen Unterricht. Ein tiefer und feiner Kenner der Ideen des Orients, Herder, sagt von der Zeit der Erzväter: „Da wurden die Grundsteine gelegt, die auf andere Weise nicht gelegt werden konnten. Jahrhunderte haben darüber gebaut, Stürme von Weltaltern haben sie, wie den Fuß der Pyramiden, mit

Sandwüsten überschwemmt, aber zu erschüttern nicht vermocht; sie liegen noch und glücklich, da Alles auf ihnen beruht."[32])

Mag uns ein geistvoller Forscher unserer Tage über diese Grundsteine näheren Aufschluß geben. Lotze im dritten Bande des „Mikrokosmus" sagt: „In den patriarchalischen Zuständen, welche die Schriften des alten Testaments schildern, liegt den christlichen Völkern ein Inbegriff schöner Gewohnheiten des Daseins vor, welcher durch die idealisirende Kraft der Zeitferne und poetischen Darstellung verklärt, der zurückschauenden Sehnsucht wohl als ein **Vorbild des Lebens** erscheinen kann.... Ein freundliches Dunkel umhüllte noch ringsum die Weltfernen und alle Aufgaben und aller Genuß des Lebens blieb innerhalb eines **engen und übersehbaren Gesichtskreises** zusammengebrängt. Leichte oder doch wenig verwickelte und wenig getheilte Arbeit, meist in der ansprechenden Pflege lebendiger Wesen bestehend, beschaffte die Bedürfnisse.... Die Bahnen waren vorgezeichnet, in die jeder mit derselben Regelmäßigkeit eintrat, mit welcher sich das körperliche Leben entfaltet; die Verschiedenheiten der **geselligen Geltung**, die unvermeidlich früh eintraten, waren noch nicht mit einem Unterschiede der Gedanken- und Gesichtskreise verknüpft.... In dem **Haupte des Stammes** vereinten sich alle Richtungen des Schaffens und Handelns, die dem menschlichen Leben Werth geben; Vater und Hausherr, Gesetzgeber und Richter, Fürst und Priester zugleich, empfand er in sich selbst den ungeschmälerten Vollgenuß der geistigen Kraft, die den Menschen über alle Natur erhebt, und stellte den Seinigen diese Einheit des ganzen Lebens in anschaulicher Erscheinung dar. Fügen wir hinzu, daß dem religiösen Glauben dieser Zeit und dieser Stämme auch der Zusammenhang mit Gott ein beständig sich erneuerndes Erlebniß war, so können wir wohl zugestehen, in dem patriarchalischen Zeitalter eine Sammlung und Verdichtung des Bewußtseins und des Lebensgefühls zu finden, welche kein erreichbares Gut des Lebens und keine seiner anerkannten Aufgaben der Aufmerksamkeit des Einzelnen unbeachtet entschlüpfen ließ."

Und wie lebhaft und tief ist die Wirkung, welche dieses Lebensbild, das uns der Geschichtsphilosoph geschildert, auf die Jugend hervorruft, wenn man es in ihrer Sprache und ihrem Sinne darstellt! Schon die äußere Scenerie übt einen mächtigen Reiz auf das kindliche Vorstellen. Die Steppe von Mesopotamien, vom Euphrat umflossen — der vom Ararat, dem Berge der Arche, herkommt — mit ihrem wogenden Grase, ihren weidenden Heerden und schnell errichteten, schnell abgebrochenen Hirtengezelten ist des Erzvaters Abraham Heimath. Des Herrn Geheiß führt ihn in das gelobte Land; über die Euphratfurth geht der lange Zug von Menschen und Heerden südwestwärts, neue Stätten zu suchen. Unter den Palmen von Bethel errichtet der Erzvater seinen Altar, in dem Terebinthenhain Mamre läßt er sich nieder, die Aue des Jordans, „den Gottesgarten", friedfertig dem Brudersohne überlassend; nach dem kornreichen Egypten, dem Wunderlande, dem Geschenk des Nils, führt ihn eine Theuerung. Die Wüste, die „heulende", entsendet ihre räuberischen Schaaren gegen seine Freunde, aber er wird ihrer Herr. Nach der heimischen Steppe zieht der treue Knecht aus, des Herrn Sohne aus des Vaters Freundschaft ein Weib zu nehmen. Am Brunnen, der rechten Sammelstätte des orientalischen Lebens und Treibens, findet er, schmückt er sie mit dem Brautschmuck. Eine ernstere Sammelstätte gründet der Patriarch für sein Geschlecht: die Höhle Makphela am letzten Ende des Ackers Ephron im Morgen von Mamre.

Wie die Scenerie, so ist die Lebensweise der heiligen Vorzeit von hohem Reiz für das empfängliche Gemüth der Jugend. Die Räuber der Wüste, die Jäger in Wald und Flur, die Hirten der Steppe, die Städter in den fruchtbaren Niederungen, die Kaufleute, deren Karawanen die köstlichen Gaben Arabiens bringen, als: Würze, Balsam und Labanum, sie alle verfolgt bei ihrem Thun und Treiben das lebhafte Interesse der Kleinen. Und wie sympathisch sind ihnen die getragen-ernsten Lebensformen des Orients, in denen sich Einfalt mit hoher Würde vereint; so die achtungsvolle Begrüßung des Fremden, die von der Sitte geheiligten Handreichungen der Gastfreundschaft, die feierliche Würde beim Schließen eines Vertrages, wie der, durch welchen Abraham zu eigenem Gut bestätigt ward die Höhle Malphela vor den Augen der Kinder Heth, aller, die eingingen zu den Thoren der Stadt u. A. m.

Einfach und durchsichtig ist der Zusammenhang der Lebensformen und der Natur des Landes und hier ist dem Nachdenken eine Stätte gegeben, was wir früher als so werthvoll beim Geschichtsunterricht bezeichnet haben. Daß in der grasreichen Steppe Hirten, in der Wüste räuberische Bedewinen, in der Aue die reichen ackerbesitzenden, handeltreibenden Städter wohnen, braucht nicht bloß hingenommen zu werden, sondern kann seine Erklärung finden; daß Egypten einen besonders mächtigen König hat, während in Kanaan mehrere kleinere Fürsten herrschen, wird mit der Lage Egyptens am Nil hin, der es zu einem Ganzen vereint, in Verbindung gebracht. Noch leichter ist der Zusammenhang zwischen der Lebensweise, Kleidung u. s. w. und dem Klima des Orients aufgezeigt.

Wir brauchen nicht nachzuweisen, wie reich in **ethischer Hinsicht** die Ausbeute dieser Erzählungen ist. Besonders sind es die Gestalten Abrahams und Josephs, die bei richtiger Behandlung immer von tiefer Wirkung sein werden. Das Herz der Kinder ist mit dem würdigen Patriarchen, mag er nun an des bunten Wanderzuges Spitze einher reiten, mag er im Königsthal von den befreiten Königen gepriesen werden, deren Lohn er zurückweist, mag er fürbitten für die vom Herrn zum Verderben verurtheilten Städte, mag er mit tiefem Schmerz sein Theuerstes dem Herrn darzubringen sich entschließen.

Bei späterem Zurückkehren zu den Patriarchengeschichten üben sie immer von Neuem eine reinigende, vertiefende und sammelnde Wirkung aus. Erinnert sei hier an die schönen Worte Göthe's in seiner Lebensbeschreibung, in denen er den Frieden beschreibt, der ihn umgab, wenn er, in den reifern Knabenjahren, sich in jene Erzählungen vertiefte, sobald ihn die übergroße Mannigfaltigkeit seiner Studien zu verwirren drohte und sich „unter den ausgebreiteten Hirtenstämmen zugleich in der größten Einsamkeit und in der größten Gesellschaft befand."[33])

Soll für spätere Stadien der Entwicklung eine Stelle geschaffen werden, wo sich die Gefühle zu ähnlicher stiller Wirkung versammeln können, so müssen jene biblischen Erzählungen etwa dem neunten Jahre, auf das sie die tiefste Wirkung ausüben, zugänglich gemacht werden. Um jede Spaltung zu meiden, trete hier noch keine Profangeschichte neben der biblischen auf, wie das später geschehen muß."[34])

Welches ist nun aber das Thor in die synthetische Profangeschichte, wie wir sie oben schilderten?

Der Begründer der philosophischen Pädagogik, Herbart, ist es, der hier gesucht und gefunden hat.

„Gebt den Kindern", sagt er in seiner allgemeinen Pädagogik, „eine **interessante Erzählung**; reich an Begebenheiten, Verhältnissen, Charakteren; es sei darin strenge **psychologische Wahrheit** und nicht jenseits der Gefühle und Einsichten der Kinder; es sei darin kein Streben, das Schlimmste oder das Beste zu zeichnen; nur habe ein leiser, selbst noch **halb schlummernder sittlicher Tact** dafür gesorgt, daß das Interesse der Handlung sich von dem Schlechtern ab, und zum Guten, zum Billigen, zum Rechten hinüberneige. . . . Noch eine Eigenschaft muß diese Erzählung haben, wenn sie dauernd und nachdrücklich wirken soll: sie muß das **stärkste und reinste Gepräge männlicher Größe** an sich tragen. . . . Solche Männer, deren der Knabe einer sein möchte, stellt ihm dar. . . . Aber das Ganze ist unbedeutend und unwirksam, wenn es allein bleibt; es muß **in der Mitte oder an der Spitze einer langen Reihe von andern Bildungsmitteln** stehen, so daß die allgemeine Verbindung den Gewinn des Einzelnen auffange und erhalte. . . . Ich weiß nur eine einzige Gegend, wo die beschriebene Erzählung gesucht werden könnte — die classische Kinderzeit der Griechen. Und ich finde zuerst die **Odyssee**."

Die griechische Geschichte ist das Thor der alten Geschichte; die Sagenzeit die Vorhalle der griechischen Geschichte. Und es ist wahrlich nicht gleichgültig, wie der Zögling das erste Mal in diese Vorhalle tritt, ob ihm einige zerstreute Sagenerzählungen geboten werden oder ob ihn das Meereslied vom Ithakesierkönig

Odysseus, dem Helden und Dulder, zuerst auf griechischen Boden, in griechisches Leben, Treiben, Glauben einführt. Schon der eine Umstand genügte, mit der Odyssee die griechische Geschichte zu eröffnen, daß sie die Bedeutung des Meeresverkehrs, jenes bedeutsamen Factors der griechischen Entwicklung, zum vollen Bewußtsein bringt.

Aber auch durch das **griechische Land** geleitet ihn freundlich die Odyssee. Mit nicht wenig charakteristischen Pflanzen des Südens macht sie bekannt: der Lorbeer umschattet des Kyklopen Höhle, Cypresse und Lebensbaum schmücken die einsame Insel Kalypso's, die schlanke Palme ragt am Altare Apollons in Delos.³⁵) Von Küstenbildungen mancher Art, felsstarrenden und sandreichen und zum Hafen geschlossenen erzählt die Geschichte: Griechenland ist das Land der Küstenbildung. In die schmalen, von Bergen umzogenen, nach dem Meere geöffneten Auen, den Sitzen der alten Anakten und Ausgangspunkten der griechischen Cultur führt uns die Erzählung ein, nach Troja, Argos, Sparta, Phthia und andere Landschaften: Griechenland ist das Land der Cantone, berggeschiedener, abgeschlossener Culturlandschaften.

In dem Bilde von **Lebensgenuß und Arbeit**, das die Odyssee entwirft, tritt der **Künstler**, „der, von Hephaistos und Pallas Athene in mancherlei Fertigkeiten unterrichtet, wundervolle Arbeiten liefert", und der **Schiffer**, welcher der Sterne, der Erde und des Meeres kundig ist, bedeutsam hervor: die Anfänge hellenischer Kunst und Wissenschaft bezeichnend.

Das **öffentliche Leben** zeigt die patriarchalische **Herrschaft des Königs**, dem zur Seite steht der **Rath der Edlen** und die **Gemeinde**: beides Factoren, in denen schon die Keime zu der späteren Entfaltung zur Aristokratie und Demokratie liegen.

So sind die Lebensverhältnisse, die den Hintergrund bilden zu den Vorgängen der Odyssee, gerade einfach genug, um ihre Verwandtschaft mit den patriarchalischen Zuständen verstehen zu lassen, und reichgegliedert genug, um das Verständniß der hellenischen Cultur in ihrer Höhe vorzubereiten. **Sie blickt, ein Januskopf, mit dem einen Gesichte nach den Stätten der ersten Gemeindung der Menschen und mit dem** andern nach den Schöpfungen der griechischen Blüthezeit, deren Keime sie bereits erblicken läßt.

In Rücksicht auf sittliche Bildung hat Herbart die Odyssee nicht überschätzt. Das stärkste und reinste Gepräge männlicher Größe ist ihr eigen und diese findet zudem in Nausikaa und Penelope ihr weibliches Gegenbild. Wie viele Dichter haben die Gattentreue, die Heimathsliebe, die erbarmende Gastlichkeit besungen, auch in den Liedern der Völker fehlen diese Züge nicht: aber in den alten griechischen Gesängen haben sie einen Ausdruck gefunden, in dem gleichsam das Gefühl ohne Rest aufgeht, wo uns der reine menschliche Inhalt so unverhüllt und unverstellt, ohne eigensinniges Beiwerk entgegentritt und wir keine Schale nationaler Sonderbarkeit abzulösen brauchen, um zu dem Kern zu gelangen. Und daher rührt die unfehlbare Wirkung auf die Jugend.

„Die Wahlverwandtschaft der Charaktere der Odyssee mit der Knabennatur sichert ihnen das frei entgegenkommende Interesse ... ihr Zusammenhang mit der griechischen Geschichte und Cultur, der sie mitten in den classischen Unterrichtsstoff hineinstellt, bürgt für stets erneutes Auffrischen ihrer Eindrücke; die classische Dichtung, in der sie niedergelegt ist, weiß von des Menschen Schmerz und Lust zu reden, kindlich und gewaltig zugleich. Nicht durch vielerlei rührende Geschichten wird ein Grund gelegt für die theilnehmende Verfolgung menschlicher Geschicke, sondern dadurch, daß alle Wärme der Empfindung um große und unverlierbare Gestalten gesammelt wird, nicht durch flüchtige Blicke in ersonnene Lebensgeschichten wird die Gesinnung gegründet, der nichts Menschliches fremd ist, sondern durch liebendes Betrachten von Menschenbildern von großer unvergeßlicher Zeichnung."[30]

Wird man erwidern, daß diese Menschenbilder der Sage angehören und nicht der Geschichte? und uns, wenn wir neben der Behandlung der Odyssee dem Knaben Lectüre von Sagenstoffen empfehlen und ihm zudem noch die deutsche Sage zu erzählen vorhaben, einwenden, daß dadurch der solide, historische Sinn beeinträchtigt werde?

Jacob Grimm nennt das unerschöpfliche Gut der Märchen, Sagen und Geschichte einen guten Engel, der dem Menschen von heimathswegen beigegeben wird, der ihn, wann er ins Leben auszieht, unter der vertraulichen Gestalt eines Mitwandernden begleitet und erst an der Grenze des Vaterlandes verläßt. Soll in den Geist des Zöglings eine Ahnung von Griechenthum, von deutschem Wesen gelegt werden, so tauche man ihn tief ein in die Sagenschöpfungen dieser Völker und es wird ihm, wie Siegfried, der der Vögel Rede verstand nach dem Bade im Drachenblut, Manches redend werden, was ihm sonst stumm und fremd gewesen wäre.

Zudem: der Drang nach phantasievollen Erzählungen liegt einmal in der Jugend; er kann, verkannt und eingeengt, eine wenig erfreuliche Wendung nehmen und sich auf nichtige Ritter-, Räubergeschichten und andere schale oder schädliche Nahrung werfen; erkannt, anerkannt und in den Dienst der Erziehung genommen, wird er des Unterrichts regsamer Bundesgenosse und Helfer. Ist es doch mit den psychischen Kräften nicht anders als mit den Naturkräften, richtig geleitet und beherrscht stiften dieselben Kräfte Segen, die, vernachlässigt, zu fürchten waren.

Auch lassen sich bei Beschäftigung mit der Sage werthvolle Vorarbeiten machen für die Geschichte, indem nicht nur historische Züge in der Sage auftreten, sondern, was noch weit wichtiger, bei den Sagengeschichten dem Zuständlichen, der Scenerie, den Einrichtungen und Lebensformen mehr Aufmerksamkeit geschenkt werden kann, als bei der an Thatsachen, Verwicklungen reicheren Geschichte. Dieses Achtenlernen auf das Zuständliche ist aber eine sehr wesentliche Vorarbeit zur späteren fruchtbaren Auffassung der Geschichte.

Das Phantastische der Sage muß übrigens der Kritik des Schülers verfallen. So gut er von Ehrfurcht vor den olympischen Göttern frei bleiben soll, die ihm vielmehr nur als Geschöpfe des unerleuchteten religiösen Bedürfnisses darzustellen sind, so mag auch der säulentragende Atlas, der Meeresnabel Ogygia dazu be-

Erzählende Stoffe des erziehenden Unterrichts.

nutzt werden, sein richtigeres Wissen kritisch anzuwenden gegen Phantasiegebilde der Vorzeit.

Ist auf diese Weise von der Beschäftigung mit der Sage keine nachtheilige Wirkung zu fürchten, so wird auch das geschichtliche Werk, dem nunmehr der Unterricht nachgehen soll, immerhin noch etwas von Sagendichtung an sich haben dürfen. Und allerdings haben wir ein Buch im Sinne, welches nebeneinander darbietet: Märchen, Sagen, Sinngeschichten, Historien, Landschaftsschilderungen, geographische und naturhistorische Excurse, Sittenbilder, aber doch zusammengehalten von der einheitlichen Aufgabe, den ersten welthistorischen Zusammenstoß von Ost und West darzustellen und zu motiviren, getragen von dem einen sittlichen Grundgedanken, daß die menschlichen Dinge ungewiß und schwankend sind und die Ueberhebung ihrer Strafe nicht entgeht. Es sind die neun Musen des Herodotos, des Halikarnassiers.

Dem aus der Sagengeschichte heraustretenden Knaben werde nunmehr eine Bearbeitung Herodots[37]) als Geschichts- und Lesebuch, Handbuch der Geographie und Ethnographie in die Hand gegeben.

Es steckt viel pädagogischer Stoff und pädagogischer Sinn im Herodot.

Um von letzterem zuerst zu sprechen: seine Darstellung ist ein gemächliches, sicheres Fortschreiten ohne Sprung, ohne Gegensätze und doch anregend und spannend, ein Muster der freien Erzählung. Seine Verwendung des Episodischen beim Auftreten von Personen oder Völkern, die er uns durch ihre frühere Geschichte anzumelden pflegt, ist anerkanntermaßen im Unterricht nachahmenswerth, wiewohl hier das Zuviel sorgsam zu vermeiden ist, wobei Herodot nicht ängstlich ist. Frisch und lebendig sind seine Schilderungen von Land und Leuten und sinnig zugleich; sein Moralisiren ist einfach und schlicht, nie zudringlich; auch wo er sich in allgemeinen Betrachtungen gefällt, ist er so liebenswürdig und naiv, daß er die Wirkung nicht verfehlt. Diese Vorzüge lassen sich auf eine (deutsche) Bearbeitung sehr wohl übertragen, welche bei Vereinfachung des Originals darnach streben müßte, demselben innerlich verwandt und auch äußerlich proportional zu bleiben. So müßten sich die

Gegensätze des Hellenenthums und Barbarenthums, das Thema des Originals, vor Allem geltend machen.

Das Hellenenthum ist dem Raume nach beschränkt; dieselben Länder, in die schon die Odyssee einführte, kehren wieder, aber um sie, wie in einen Kranz vereinigt, die Colonien. Ein neues Meeresgeschenk ist die Colonisation; die Fahrten der alten Heldenkönige waren ihre Vorläufer. Das Landschaftliche, Geographische tritt zurück; auf die Staatseinrichtungen und die politischen Charaktere fällt das Hauptgewicht. An Stelle der Völkerhirten der Heldenzeit sind Volksführer getreten, an Stelle der heroischen Großthaten, aus bloßem Thatendurst ausgeführt, treten Thaten des Bürgersinns, der politischen Einsicht. Die Theilnahme für Menschen und Gesellschaft findet hier ihre Nahrung.

Anders bei dem Gegenbilde hellenischen Wesens, dem Barbarenthume', das wir bei Herodot durch alle ihm bekannten Länder verfolgen, vom Istros bis zur libyschen Wüste, vom Indus bis zu Herakles' Säulen. Hier findet das empirische Interesse seine Nahrung. Manches, was Herodot über Land und Leute berichtet, gilt noch heut zu Tage. Die Bewohner der südrussischen, der kirgisischen Steppen, der arabischen Wüste schildern unsere Reisenden nicht viel anders als Herodot; bei fabelhaften oder nicht mehr giltigen Angaben muß der Unterricht berichtigen und ergänzen.

Im elften, zwölften Jahre, das wir in Herodot'sche Geschichte vertiefen wollen, beginnt sich der Drang in die Weite zu regen; Schilderungen aus ferneren Ländern von Natur und Menschen werden mit Eifer gelesen; diesem **exotisch=ethnographischen Interesse**, wenn der Ausdruck erlaubt ist, bietet Herodot, wenn man ihn durch Reisebeschreibungen erweitert, die auch zur Privatlectüre zu verwenden, die rechte Bahn. Hier gilt es wieder den phantastischen Drang einzufangen und seine Kraft dem Wirken der Erziehung dienstbar zu machen. Dies geschieht durch zweckdienliche Erweiterung der Völkerkunde des Vaters der Geschichte, der zugleich für die richtigen Perspectiven sorgt: das ganze Völkergewimmel mit seiner **ungeschlachten Naturkraft** kommt nicht auf gegen die durch **Einsicht gelenkte und concentrirte, selbstbewußte Kraft eines kleinen, freien Volkes**; die phy=

sische Macht mit Sklavensinn gepaart unterliegt dem Heldensinn, der in Pflichtbewußtsein und Vaterlandsliebe seine Quellen hat. Das ist der Geist, der bei Marathon und Salamis siegte, derselbe, der in der Cyklopenhöhle den Sieg davontrug — und der Erzieher wird diese innere Aehnlichkeit nicht vernachläßigen, wenn er die Continuität des Unterrichts zu würdigen weiß — der Geist, dem die Griechen Gestalt gaben und Verehrung zollten in Pallas Athene, der starken Göttin der Weisheit, Odysseus' Schützerin.

So ist Herodot ein wahres Muster eines pädagogischen Geschichtsbuches; gleich weit entfernt von einem encyklopädischen Sammelwerk und einer eintönig fortschreitenden Erzählung, mannigfach und bunt, wie es der jugendliche Sinn liebt, reich an Berichten über große Männer, anziehender Kunde voll über entlegene Länder und Völker, und das bei tiefer, ernster Einheit des Gedankens.

Dem Vergleichen, Combiniren, Rückblicken giebt der Geschichtsunterricht, der von Homer sogleich auf Herodot übergeht, nicht wenig Raum und darüber seien ein Paar Worte gestattet. Gleich zu Anfang zeigt sich, wie sehr die „Physiognomie der Zeit" verändert ist. Griechische Colonien breiten sich da aus, wo vordem der Troer Hülfsvölker gesessen; in der alten Heimath des Tantalos und Pelops ist ein mächtiges Reich gegründet worden, das lydische. Als der lydische König Kroisos mit den Hellenen einen Bund stiften will, wendet er sich nach dem dorischen Sparta und dem ionischen Athen, als nach den mächtigsten Staaten. Wo ist das mächtige Argos hingekommen, in dem Mykene lag, Agamemnons stolze Residenz? Wo ist des Achilleus achaiisches Reich im Norden? Und dorisch ist das Land des Achaierfürsten Menelaos? Was hat die Bewohner der Südabhänge des Olympos nach dem Peloponnes geführt?

Haben sich solche Fragen angesammelt, so ist es bei einem geeigneten Ruhepunkte der Erzählung geboten, sie zu beantworten durch Einführen ihrer Data. Die dorische Wanderung und die Colonisation, welche jene Fragen beantwortet, wird am besten nach dem Sturze des lydischen Reiches behandelt.

Die Empörung der Joner giebt Anlaß zu neuen Einblicken in griechische Zustände. Aristagoras geht nach Sparta und Athen, Hülfe für die Joner zu erbitten. Eine Tafel von Erz bringt er mit, in der die Flüsse und das Meer eingegraben waren und alle Länder, um daran dem Könige Kleomenes den Weg nach Susa zu zeigen; vielleicht stellte sie noch nach homerischer Art den Okeanos als einen die Erde gürtenden Strom dar, aber sie war sicher umfassender und genauer als das Weltbild Homers. Einer der beiden Könige ist Kleomenes, denn zwei Könige zugleich verwalten jetzt des Menelaos' vormaliges Amt. Der Bittende wird abgewiesen; die drei Monate Weges, die man nach Susa braucht, haben den schwerbeweglichen, weitaussehenden Plänen abholden Lakonen irre gemacht. Aristagoras geht nach Athen; er tritt vor die Volksversammlung und bald sind die 30,000 Athener von ihm gewonnen. Eine demokratische Verfassung hat Athen; beim Volke steht die Entscheidung; gewählte Beamte sind seine Organe. Es sind also in Sparta wie in Athen Verfassungsveränderungen vorgegangen, deren Verlauf nunmehr episodisch eingeschaltet wird.

Die Erzählungen der eigentlichen Perserkriege machen uns näher bekannt mit Zügen griechischen Lebens, die abweichen von dem homerischen Zeitbilde. Das Orakel von Delphi ist ungleich bedeutender als in der Heroenzeit; der Dienst Apollons ist ein ausgebildeterer; die öffentlichen Spiele haben eine ungleich höhere Bedeutung gewonnen; das Kriegswesen hat sich geändert; bürgerliche Krieger hatte die alte Zeit; Sparta hat kriegerische Bürger; in einer Nacht machten die Ephoren 5000 Spartiaten und 35,000 Heiloten mobil, ohne daß die fremden Gesandten auch nur im Schlafe gestört wurden; die Gastfreundschaft hat in der Proxenie eine neue Form gefunden; anders sang Arion von Methymna, als Demodokos von Scheria.

Doch genug, um zu zeigen, wie wir die beiden Zeitbilder, welche die Odyssee und Herodot's Geschichten uns bieten, mit einander in Verbindung setzen, um an das Bemerken ihrer Unter-

schiebe die Belehrung anzuknüpfen über das, was in der Zwischen=
zeit geschehen. Aber wir werden dabei auch die verwandten Züge
beider nicht vernachlässigen, wo es gilt, aus ihnen das Allgemein-
menschliche herauszuheben. Doch darüber an einer andern Stelle.

Wir können nur andeuten, in welchem Sinne wir uns den
geschichtlichen Unterricht fortgesetzt denken. Classische Quellenwerke
müssen den Mittelpunkt bilden, ihre Erklärung, Erweiterung, Er=
gänzung sorgt dafür, gleichsam Brücken zu schlagen von einem zum
andern und der Continuität des Zeitlaufs zu genügen. Daneben
muß die Privatlectüre in den Dienst des Unterrichts genommen
werden, um knapper behandelte Perioden und Partien zu lebendiger
Vorstellung zu bringen, wobei das Biographische ohne Schaden
vorwalten kann.

Treffliche Anfänge zu einem Geschichtsunterricht in diesem
Sinne sind Werke der Halleschen Jugendbibliothek, wie Hertzberg's:
Zug der Zehntausend und Zug Alexanders, Berndt's: Karl der
Große, Heinrich der Erste und Otto der Große, weil es Anfänge sind,
der Geschichtsdarstellung die Frische und Lebendigkeit zu geben, wie
sie nur aus den Quellen zu gewinnen ist; das Ziel, den Ge=
schichtsunterricht zu wahrer Menschenkunde und zum Stützpunkt
zugleich für Länder= und Weltkunde zu machen, ist ein weiteres;
aber was dazu beiträgt, den kahlen, öden Mechanismus der alten
Lehrart zu stürzen, ist Bundesgenosse im Streben nach diesem Ziele.

IV. Der Unterricht und die eigene Erfahrung des Zöglings.

Wie eine Hebung der geistigen Thätigkeit des Zöglings zu erzielen sei und ein Interesse angebaut werde, das den Unterricht überdauert, dieser Gedanke war der leitende für unsere bisherigen Betrachtungen.

Eine Reihe von Mitteln der Unterrichtskunst führten wir zuerst an, durch welche den Fertigkeiten und dem Positiven ein solcher Eingang in der Seele bereitet werde, daß sie anstatt Druck zu üben, vielmehr ihren Beitrag zum Geistesleben geben; wir verlangten zu diesem Behufe, daß der Formunterricht wie Schreiben, Lesen, Sprachlehre angeschlossen werde an ein Material, das für den Zögling Werth und Bedeutung hat, daß ferner bei Gegenständen des positiven Stoffes dem Combiniren, Vergleichen und Schließen Eingang geschafft werde, daß weiterhin die Freude an dem allmählichen Anwachsen des Wissens, sowie an der Bethätigung des Gelernten zur Bundesgenossin des Lernens gemacht werde. Doch weit bedeutsamer noch für Begründung von geistigem Leben fanden wir die Pflege von erzählenden Stoffen, die im engen Anschluß an die Stufen der jugendlichen Entwicklung fortschreiten. Durch sie, glaubten wir, verschafft sich der Unterricht erst Eingang in das innere Leben des Zöglings, und vermag, indem er natürliche Regungen der Seele sich dienstbar macht und zu seinen

Zwecken lenkt, erst tiefergehenden Einfluß auf das Geistesleben zu gewinnen.

Ist doch die Seele mit nichten eine leere Tafel, in die der Erzieher, was er will, einschreiben kann und wann er will. Vielmehr liegt zu der Zeit, wo der Unterricht beginnt, im Kinde schon eine so reiche psychologische Entwicklung vor, daß die erziehende Lehre umsichtig die Stelle wählen, wo sie ihre Antriebe einsenken soll und erfolgreicher Arbeit erst sicher sein kann, wenn sie die rechte getroffen.

Diese Anschauung wird auch für unsere heutige Betrachtung die leitende sein und wir werden die Frage zu beantworten suchen: **wie hat sich der Unterricht zu dem Vorstellungsmaterial zu verhalten, das die eigene Erfahrung in die Seele des Zöglings gelegt hat und unausgesetzt zu legen fortfährt, und was soll zur fortgesetzten Verknüpfung jener Erfahrung und der Lehren und Antriebe des Unterrichts geschehen?**

Daß eine solche Verknüpfung zum Zwecke der Erziehung überhaupt dienlich und werthvoll ist, setzen wir an dieser Stelle als zugegeben voraus, indem wir uns vorbehalten, später darauf zurückzukommen; aber daß wir berechtigt sind, ausdrücklich Veranstaltungen behufs dieser Verknüpfung zu fordern, und sie nicht dem natürlichen Vorstellungslaufe überlassen dürfen, das müssen wir sogleich in Kürze nachweisen.

Eigene Erfahrung und Lehre treten in der Seele keineswegs von selbst in fortgesetzten Verkehr. Wir können nur zu oft an Erwachsenen beobachten, daß für sie die Erfahrungen des Lebens nach der einen Seite, Studium und Lectüre nach der andern ihre Fäden spinnen, die sich keineswegs mit einander verflechten. Die kleinen alltäglichen Erfahrungen, die Aug' und Ohr, unmethodisch und ungeordnet, Tag für Tag der Seele zuführen, bilden eine Art von Proletariat von Vorstellungen, mit denen der Gedankenkreis, an dem Lehre, geistige Arbeit, Lectüre arbeiten, nichts zu schaffen hat, vielmehr stolz darüber schwebt, eine Art Oberhaus der Gedanken, in sich getragen und befriedigt. So ist es heut zu Tage noch und nicht etwa nur bei Büchergelehrten und Pedanten; in einer früheren Zeit, im Mittelalter, war diese Scheidung noch ungleich schroffer. Die Quelle der Kenntniß war damals ausschließlich die Lehre und zwar die von Lehrern der Vorzeit vorgetragene. Aus den Quellen zu schöpfen, die jene wieder benutzt hatten, selber zu sehen und zu hören, hatte man ganz und gar verlernt. Eigene Erfahrung war eben autoritätslos und durfte in das Heiligthum der Lehre nimmer einbringen. Bekannt ist die Geschichte von der Pariser Universität, welche die Frage, ob auch das Oel gefriere, durch eifriges Forschen in Aristoteles und Plinius und Erwägung aller Stellen pro und contra zu beantworten bemüht war, während keinem der hochgelahrten Herren einfiel, in hartem Winter einmal ein Schälchen Oel vor sein Fenster zu setzen.

Die Naturwissenschaft und unsere classische Literatur haben an der Niederreißung der Schranken zwischen Lehre und Erfahrung, Ueberlieferung und Selbsterleben mächtig gearbeitet; erstere zeigte, daß in dem alltäglichen natürlichen Vorgange die weitgreifendsten Gesetze in Wirkung sind und daran studirt werden können; die letztere hat uns angeleitet im Gebiete des Geistigen Nahes und Fernes, die Alltagserfahrung und das Reich der Ideen in Verbindung mit einander zu erhalten; in einer Zeitungsnachricht den Kern einer Tragödie, in einer Figur aus dem Leben ein Object der Kunst zu sehen. Lessing spricht es aus, worin die tiefere Bedeutung dieser geistigen Beweglichkeit liegt: „Nur die Fertigkeit, sich bei jedem Vorfalle schnell bis zu den allgemeinen Grundwahrheiten zu erheben, nur diese bildet den großen Geist, den wahren Helden in der Tugend und den Erfinder in Wissenschaften und Künsten."[38]

Eigene Erfahrung und überlieferte Lehre, beide Quellen des Wissens, sind disparat genug, um der absichtlichen, kunstvollen Vereinigung mit einander zu bedürfen. Karl von Raumer macht ihre verschiedenartige Natur an einem geschickten Beispiele deutlich: „Du kannst dir Paris durch Stadtplan, Rundgemälde, Modelle, Beschreibung vergegenwärtigen, durch die mannigfachsten Darstellungen, die aus früherer Beobachtung von Paris entsprungen sind. Du siehst die Stadt im Spiegel eines fremden Geistes....

Gesetzt aber, du könntest seltsamer Weise auf einige Zeit ein Haus in Paris bewohnen, das du nicht verlassen dürftest; nun sähest und hörtest du aus deinem Fenster das bunte lärmende Treiben, das Laufen und Schreien um zu leben .... so würdest du durch Betrachtung eines kleinen Theiles .... die Stadt kennen lernen: ex ungue leonem."[39]

Wir möchten noch eine dritte Art, sich eine Vorstellung von der Weltstadt zu machen, hinzufügen, die sinnlich ist, ohne ein Stück der Wirklichkeit zu geben, die nämlich, daß man in einer andern Stadt beim Anblick des Meß- oder Jahrmarktstreibens oder durchmarschirender französisch-gekleideter Soldaten oder sonst durch eine sinnliche Anschauung, das verkleinerte, minder oder mehr zutreffende Abbild der großen Wirklichkeit erhält, so daß dann der Kenntniß aus Beschreibung gegenüberstünde: Kenntniß aus sinnlicher Anschauung entweder eines Bruchstücks oder eines stellvertretenden Vergleichungsgegenstandes.

Wie beide Mittel der Kenntnißnahme im Werthe zu einander stehen und sich ergänzen, ist leicht zu sehen. Die Lehre, Ueberlieferung, Darstellung hat die Vollständigkeit und Verständlichkeit für sich, aber ihr geht die sinnliche Kraft ab; die Anschauung hat letztere, aber sie ist mehr oder weniger lückenhaft und verworren. Darum gilt es, die Lehre durch die sinnliche Vollkraft der Anschauung zu erfrischen, die Anschauung durch ergänzende, ordnende Lehre zum Organ der Kenntniß des Ganzen zu machen.

Es wird verlohnen, dieses psychologische Verhältniß durch einige Beispiele zu erläutern. Zu unserer großen Heimath, der Erde, stehen wir nicht anders, als jener, der in dem obigen Beispiel Paris kennen lernt, zu diesem. Ein kleines Stück ist unserer sinnlichen Anschauung nahe gerückt; über den überwiegenden Theil muß uns die Ueberlieferung unterrichten. Aber jenes kleine Stück weist einmal Spuren der Ferne und Fremde auf, zum andern giebt es unserer Phantasie immer etwas von Farben, sich von dem Fernen und Fremden ein Bild zu machen. A. v. Humboldt erzählt im Kosmos, daß der Anblick eines colossalen Drachenbaumes und einer Fächerpalme in einem alten Thurme des botanischen Gartens bei Berlin (den ersten Keim unwiderstehlicher Sehnsucht nach fernen Reisen in ihn gelegt habe und beruft sich mit Recht auf die zahlreichen ähnlichen Beispiele der hohen Macht sinnlicher Eindrücke.⁴⁰) So nahm seine Phantasie und Sehnsucht gleichsam den Aufflug von einer Anschauung aus; oder mit anderm Bilde: blitzartig überleuchtete der Sinneseindruck all das, was er gelernt und gehört hatte über die Ferne, und verstärkte und vertiefte dessen Wirkung.

Lord Byron gedenkt beim Anblicke des Ida und Simoeis seiner Jugend, wo er seine heimischen Berge, Flüsse, Seen in der Phantasie ummodelte in die classischen Stätten, und klagt, daß der wirkliche Anblick eben dieser nicht heranreiche an das Bild, das er mit heimischen Farben sich von ihnen entworfen. Hier war das nahe Sinnliche stellvertretend für das Ferne.

Man kann es öfters an sich erfahren, wie ein Kunstproduct aus der Ferne uns das Dasein von Menschen anderer Sprachen, Race, Farbe lebendig ins Bewußtsein ruft. Wer denkt sonst viel an China? aber eine chinesische Vase oder Büchse oder was sonst, kann uns mit einem Schlage erinnern, wie viel Millionen von Menschen mit so völlig andern Anschauungen und Sitten da im fernsten Osten leben, arbeiten, lachen, weinen, wie Menschenkinder allenthalben thun.

Alte Drucke oder Handschriften zaubern uns nicht selten schneller in die vergangenen Zeiten, wo sie frisch fertig geworden und als Novitäten auftraten, zurück, als ausgedehnte Schilderungen, und wir denken gern der Finger, die da geschrieben oder die Lettern gesetzt oder die Blätter umgeschlagen haben.

In all solchen Fällen steigert sich die Wirkung, je naturwüchsiger, unmittelbarer die Ferne oder Vergangenheit hereinragt in die Nähe und Gegenwart. Ein Römerthurm am Rhein, an der Donau entrückt kräftiger in die alte Zeit, als eine Sammlung von Büsten römischer Kaiser, ein altes Grab auf einem Schlachtfelde mehr als ein Denkmal: ein Fingerzeig, den wir uns nicht entgehen lassen wollen.

Um nun zur Anwendung des Gesagten auf den Unterricht überzugehen, müssen wir erst bemerken, daß unsere Frage, wie die eigene Erfahrung und die Lehre mit einander zu verbinden sind, aus dem großen Capitel des Anschauungsunterrichts nur ein Stück heraushebt. Wir haben hier abzusehen von allen Fällen, wo der Unterricht künstlich Anschauungen und Erfahrungen hervorruft, um Lehren daran zu knüpfen und uns auf jene zu beschränken, wo er in die, ohne sein Zuthun angesammelten, Erfahrungen des Zöglings hineingreift und sie nutzt zur Belebung der Lehre, sei es, daß er sie verfolgt zu ihrem Ursprunge in Ferne oder Vergangenheit, sei es, daß er sie modelt zu Abbildern und Stellvertretern des Entlegenen.

Ist der Begriff des Anschauungsunterrichtes für das Gebiet, das wir uns abstecken, zu weit, so ist der der Heimathskunde zu eng, da wir ganze Gebiete der eignen Erfahrung des Zöglings aufzählen werden, die unter Heimath nur gezwungen befaßt werden können, z. B. das Sprachbewußtsein, das er sich durch den Umgang erworben hat. Der Kunstausdruck analytischer Unterricht, d. i. auflösender im Gegensatz zum synthetischen, aufbauenden, trifft am meisten zu, wennschon im Anschluß an die Elemente der eigenen Erfahrung, in die sie zerlegt wird, auch synthetische Belehrung wird auftreten müssen.[41]

Doch wir vermissen einen zusammenfassenden Namen um so weniger, als ein solcher leicht zu der Ansicht führt, als handele es sich dabei um eine bestimmte, compacte Schuldisciplin. Man verkennt sowohl den Anschauungsunterricht als die Heimathskunde, wenn man sie für solche hält, aber ihr Name ladet dazu ein. Der Unterricht, der die eigene Erfahrung des Zöglings bearbeitet, ist nicht ein Unterrichtszweig, denn seine Einheit wäre eine ausschließlich subjective, sondern ein Ferment allen Unterrichts, eine durch alle Fächer durchgehende Rubrik, bunt und vielgestaltig im Stoffe, einheitlich nur im Gedanken.

Wir machten auf die bedeutsame Kraft der Anschauung aufmerksam, überlieferte Lehren zu beleben und in helles Licht zu rücken. Die Bearbeitung der Anschauung (Erfahrung) in eine Disciplin zusammendrängen zu wollen, hieße die Gewürze als besondern Gang serviren, anstatt die einzelnen Speisen mit ihnen anzumachen. Die großen Reviere des Sachunterrichtes und Formunterrichtes und innerhalb des erstern die Menschen- und Weltkunde müssen von vornherein abgesteckt, in jedes dieser Gebiete muß aus der Quelle der Anschauung ein befruchtendes und erfrischendes Bächlein geleitet werden.

Anders ist auch Pestalozzi nicht zu verstehen, wenn er sagt: „Die Anfangsgründe der Geographie vermischen sich lange beim Kinde mit den Anfangspunkten der Zoologie, Mineralogie und Botanik. Auch die Anfangsgründe der Geschichte, die Kenntniß der menschlichen und bürgerlichen Verhältnisse fallen in das große Gemisch seiner allgemeinen Anschauung der Welt. In der Kirche findet es die ersten Spuren der kirchlichen Verhältnisse, in des Vogts und Amtmanns Hause, in des Edelmanns Schlosse sieht es die ersten Spuren der bürgerlichen Ordnung, in der Dorfwacht die ersten Spuren der militärischen Gewalt; und es ist gut, daß das Gemisch von Anschauung in jeder einzelnen Absicht zum Bewußtsein reife, ehe es dahin geführt wird, die einzelnen Gegenstände seiner Anschauung als Gegenstände irgend einer Wissenschaft gesondert ins Auge zu fassen."

Noch eines andern Wortes von Pestalozzi sei gedacht; „Die Geisteskraft der Kinder darf nicht in ferne Weiten gedrängt werden, ehe sie durch nahe Uebung Stärke erlangt hat; der Kreis des Wissens fängt nahe um den Menschen an und dehnt sich von da concentrisch aus." Fügen wir hinzu: ohne daß darum der Unterricht an jedem der Kreise der Reihe nach entlang laufen müßte, um allmählich in die Weite zu kommen; vielmehr darf er sich den früher von uns aufgestellten und begründeten Lehrstoffen anvertrauen und von ihnen getrost in die Weite führen lassen, wenn er nur unausgesetzt die eigene Erfahrung mit dem, was jene von Belehrung bringen, verbindet.

Fassen wir nun die hauptsächlichsten Disciplinen der Schule ins Auge und sehen zu, in welcher Weise sie mit des Zöglings eigener Erfahrung in belebende Wechselwirkung treten können. Wir werden dabei unsere vorher getroffene Distinction festhalten: das Nahe, Gegenwärtige wird entweder zum stellvertretenden Bilde des Entlegenen, Vergangenen gemacht, indem es der umgestaltenden Phantasie überliefert wird, oder es dient zum Wegweiser

in die räumliche oder zeitliche Ferne, indem es zu seinem Ursprung verfolgt wird, also den Ausgangspunkt einer pragmatischen ver=
standesmäßig fortschreitenden Betrachtung bildet.

Heben wir von der Geschichte an, auf die wir schon mehr=
fach Vorblicke gethan haben. Also demnächst: wie kann, was der Zögling selbst gesehen, gehört, erlebt hat, verwandt werden, um ihm ein lebhaftes Bild zu geben von dem, was der synthetische, in dem Gebiete ferner Vergangenheit weilende Geschichtsunterricht ihm darbietet? Was ist der Gegenwart abzugewinnen, um ihm die Vergangenheit zu einer vergangenen Gegenwart zu machen?

In orientalisches Hirtenleben versetzt die Patriarchenge=
schichte, lebendig genug, um nicht erst eines Commentars über Hirtenleben im Allgemeinen und bei uns im Besondern zu be=
dürfen; aber die sinnliche Anschauung weidender Heerden, beweg=
licher Hirtenwohnungen, einer Viehwirthschaft u. a., sie wird einen willkommenen Beitrag geben zu einer lebhaften Vorstellung jener Zustände. Daß dabei nicht wenig Unterschiede zwischen damals und jetzt, dort und hier heraustreten, ist um so mehr ein Vor=
theil, als dadurch Fragen aller Art angeregt werden und das Interesse sich steigert. Die Städte Canaans, Aegyptens mit ihren Mauern und Thoren geben Anlaß, der alten Gestalt unsrer Städte zu gedenken und etwaige Denkmale davon aufzusuchen. Der Hof des Pharao werde durch eine kindliche Schilderung fürstlicher Höfe unsrer Zeit illustrirt; seine Erhebungen des Fünften durch unsere Abgaben und Steuern; die Theurung in Canaan durch Noth=
stände unserer Zeit. In letzterem Falle wird nicht nur die An=
schauung hineinverpflanzt in die Ferne, sondern mit ihr zugleich die Theilnahme, was wir gebührend schätzen wollen. Mose's Ver=
fassung giebt Anlaß, näherliegende kirchliche Verhältnisse heranzu=
ziehen, die Eintheilung des Landes Canaan nach Stammesbe=
zirken, unsere Landeseintheilung u. s. w.

Die Odyssee leitet in ihrer Cyklopengeschichte wieder auf Landleben und Viehwirthschaft. Ihre Meerfahrten lassen an unsern Seeverkehr und Seehandel erinnern; der, charakteristisch für das Zeitbild, mehr hervortretende Metallarbeiter und Künst=
ler wird unsrer Schmieden und Werkstätten gedenken lassen; mö=

gen dabei auch die Waldschmiede der deutschen Sage ihre Stelle finden. Staat- und Stadtverband bei uns werde verglichen mit dem Demos, dem Gemeinwesen der Heroenzeit. Krieger und Bürger zugleich ist der Demot, dem Landwehrmanne vergleichbar.

Zu häufigen Illustrationen des Fernen durch Nahes regt Herodot an. Die athenischen Archonten wird man mit unsern Ministern zu vergleichen haben, den Rath mit unsern Stadt- oder Gemeinderäthen. Sparta's Militärverfassung wird in unsern Zeiten sogar mehr Vergleichungspunkte finden als wünschenswerth ist. Die Besprechung der Volksfeste der Griechen wird die Erinnerung an die unsern beleben können. Die Wanderung und Mischung der Stämme wird im östlichen Deutschland durch das Verhältniß von Slaven und Deutschen zu illustriren sein, wie überhaupt beim Ethnographischen Alles, was irgend in der Schüler Gesichtskreis fällt, zu verwerthen ist. Die Handels- und Militärstraße nach Susa wird ihr modernes Gegenbild leicht finden können; die persische Posteinrichtung wird an die unsre erinnern lassen u. s. w.

Zu hüten hat man sich bei derartigen Besprechungen vor einem Doppelten: einmal vor dem Zuviel, indem sich alsdann leicht der herangezogene Stoff in den Vordergrund stellt und den zu beleuchtenden Gegenstand gerade verdunkelt; ferner aber vor der Unterschätzung der Unterschiede zwischen dem Jetzt und Ehemals, dem Hier und Dort, wodurch Verwechslungen aller Art herbeigeführt werden und die scharfe Auffassung culturhistorischer Dinge leidet. Wir werden bei andrer Gelegenheit sehen, wie durch die rechte Stellung solcher heimathskundlichen Episoden diese Gefahren vermieden werden können.

Wie die culturgeschichtliche Besprechung, so verlangt auch die ethische ein sorgfältiges Anschließen an die eigene Erfahrung des Zöglings. Denn hier gilt es noch mehr aus dem Fernen und Nahen das Gemeinsame herauszugreifen und die Musterbilder vergangener Zeiten recht wirksam hineinzustellen in das Jetzt und Hier. Darum verschmähe man nicht, wenn von Gemeinsinn im antiken Staat die Rede ist, an den Gemeinsinn in der Schule anzuknüpfen; z. B. das Opfern des eigenen Vergnügens zum Vortheil des Ganzen als Vorstufe zu opferfreudigem Bürgersinn gelten zu lassen. An eignes Leiden der Kinder, an den kranken, an den verstorbenen Mitschüler, an die Armen und Freudlosen, die mit uns leben, werde erinnert, wenn es gilt für eine Gestalt, einen Zug der Erzählung das Gefühl der Theilnahme zu erwecken. Dann rankt sich die Theilnahme an den Bildern der Gegenwart und der Vergangenheit zugleich auf und jene Grundstimmung wird erzeugt, die das Herz drängt mit den Freudigen Freude, Leid mit den Leidenden zu theilen.

Züge von Vaterlandsliebe, Aufopferung, Tapferkeit, die dem localen Gesichtskreise nahe liegen, sind zur Hinleitung und Vorbereitung bei den entsprechenden Zügen aus der Geschichte zu benutzen. Auch aus der Geschichte der weiteren Heimath werden wirksam Parallelen zu Zügen der alten Geschichte entlehnt werden können.

So viel über den analytischen Geschichtsunterricht, in so weit er im Dienste des synthetischen steht und aus dem Jetzt Erläuterungen für das Einst entnimmt. Aber es gilt auch im Jetzt das Einst, in der Gegenwart den Niederschlag der Vergangenheit aufzuzeigen. Hier ist es erforderlich, daß sich die verschiedenen Disciplinen die Hand reichen, sonst lagert sich im Kopfe des Schülers nach wie vor das Wissen um die Gegenwart auf die eine, das um frühere Zeiten auf die andere Seite. Die Disciplinen müssen mit Geschichte gleichsam versetzt, gesättigt werden. Für die Geographie ist dies als unerläßlich längst erkannt worden. Von den Grenzen der Länder hat die Geographie zu reden: die Zahlen 1815, 1803, 1648 u. a. m. wird sie dabei vielfach zu nennen haben. Sie hat von Canälen, Viaducten, Deichen, Handelsstraßen u. s. w. zu erzählen: sie wird, falls deren Anlegung für eine frühere Zeit charakteristisch war, das historische Datum beizufügen gut thun. Der Entwurf Karls des Großen, Altmühl und Regnitz und durch sie Donau und Rhein zu verbinden, ist für den großen Herrscher nicht minder charakteristisch, als sein Kampfeseifer für den Glauben. Die Orte berühmter Kämpfe, Stammsitze bedeutender Herrscherhäuser, die Wohn- oder Geburtsorte großer Männer wird man nicht vorüberlassen dürfen, ohne ein historisches Datum daran zu knüpfen. Mit der Vorstellung des Harzes muß sogleich die des altheidnischen Cultus des zähen Sachsenvolkes verbunden werden; das Gebiet der Havel und Spree muß als Lokal der Wendenkämpfe gefaßt werden; das Maasgebiet als Stammsitz der Franken, Friesland und die Schweiz als Land der freien Bauern u. s. f.

Auch auf die geographischen Namen ist zu achten und wahrzunehmen, was sie Lehrreiches bieten. Die römischen Ortsnamen im westlichen und südlichen, die slavischen im östlichen Deutschland, die arabischen in Spanien, die griechischen in Sicilien und am Pontus, die spanischen und englischen in der neuen Welt versetzen den Kundigen lebendig in die Zeiten ihrer Entstehung, den Lernenden machen sie vorweg aufmerksam auf die Stellen, wo Geschichte spielen wird und bilden die Anknüpfungspunkte für künftige Belehrung.

Die mathematische Geographie bietet geschichtliche Anknüpfungen genug dar. Früh schon werden Columbus und Copernikus auftreten müssen. Die Geschichte des Kalenders ist ein Gebiet, in dem sich Natur- und Menschenkunde die Hand reichen, ein anregendes, Wissen und Denken erweiterndes Thema. An unserm Kalender, wie wir ihn täglich zur Hand nehmen, haben gearbeitet die Sternseher von Babel und Aegypten — ihnen gehört die Benennung der Wochentage nach den Planeten, zu der im Deutschen noch die germanische Mythologie ihren Beitrag gegeben — die griechischen Forscher von Athen und Alexandria, der römische Imperator, die Christengemeinde, die ihre Feiertage feststellte, die Kirche des Mittelalters, die das Jahr mit ihren Heiligen schmückte und weihte, endlich der Pontifex, der zum letzten Mal die Verwirrung der Zeiten geordnet hat.

Die Naturkunde, die auch die Technologie zu umfassen hat, darf geschichtliche Rückblicke auf erstes Auftreten, Verbesserung u. s. w. ihrer Gegenstände nicht versäumen. Der Mais muß als Geschenk des Columbus, die Kartoffel als das Drake's bezeichnet werden; bei den Gewürzen Indiens ist so gut der persischen und arabischen Caravanen und venetianischen Schiffe zu denken, als des Seeweges und seines Entdeckers. Das Spinnrad, der Blitzab-

Leiter, die Papiermühle u. s. f. sind, wenn auch nur mit ein Paar Worten, an ihren geschichtlichen Platz zu stellen, wenn sie im Unterricht behandelt werden.

Auf diese Weise wird das Interesse begründet für die Geschichte der Arbeit und des Scharfsinnes und ein Gegengewicht eingelegt gegen die Kriegs- und Staatengeschichte, die, ausschließlich betrieben, unfruchtbar bleibt für das Leben und einseitige Beurtheilung des Geschehenen erzeugt.⁴²)

Wir kommen nunmehr zu dem eigentlichen **heimathskundlichen Geschichtsunterricht**, der den localen Erinnerungen der Gegend nachgeht, in welcher sich der Zögling befindet oder die ihm leicht erreichbar ist, denn zu eng möchten wir die „Heimath" keinesfalls begrenzen.

Es wäre unrichtig, die Geschichte der Heimathsstadt als Material der geschichtlichen Heimathskunde aufzufassen. Jene bietet zum Zwecke dieser zu viel und zu wenig; zu viel, denn manche Daten der Localgeschichte sind für den Unterricht werthlos; zu wenig, denn die Heimathskunde muß die bedeutenden weltgeschichtlichen Ereignisse, von denen die Stadt etwa berührt wurde, näher beleuchten, als es die Stadtgeschichte thun kann. Unserer Auffassung nach muß die geschichtliche Heimathskunde von vornherein so angelegt sein, daß sie späterhin dem Unterricht in der Geschichte Fußpunkte aller Art darbietet.⁴³) Das ist nicht der Fall, wenn sie gelegentlich die etwaigen Denkstätten, Denkmäler, Gebäude u. s. w. des Heimathsortes bespricht und einige historische Notizen daranhängt, sondern dann, wenn sie die historischen Erinnerungen der Gegend, vielleicht der ganzen Landschaft gleichsam mit ihren Wurzeln aushebt. Das Hinleiten des Blickes vom Nahen ins Ferne, vom Bruchtheile zum Ganzen muß allenthalben der leitende Gesichtspunkt bei der Behandlung der eigenen Erfahrung des Zöglings sein; und man müßte die jugendliche Einbildungskraft schlecht kennen, wenn man ihr nicht Stärke zum Aufstuge von einem, wenn schon geringfügigen, Gegenwärtigen in die Weite zutrauen wollte.

Darf man so getrost, wo es dienlich ist, die Geschichte der Heimathsstadt zu der der Gegend, der Landschaft erweitern, und auch von dieser aus weitere Umblicke wagen, so ist man ebenso wenig an die Reihenfolge der Thatsachen gebunden, vielmehr soll man da beginnen, wo sich zuerst Gestalten und die Phantasie anregende Verhältnisse darbieten. Wo sich das ehrwürdige Moos der Sage um die Gedenksteine der Geschichte ansetzt, da wird der Ort für den Erzieher sein, die Kunde der Vorzeit anzuheben. Sind doch Burgen, Ruinen, alte Kirchen und Bauten noch genugsam vertreten in Deutschland, daß kaum einer Gegend ganz die Fühlung mit der Zeit der Romantik abhanden gekommen wäre.

Locale Rittergeschichten und Sagen sind für den 9- und 10- jährigen Knaben der eine Eingang in die geschichtliche Heimathskunde. Sie fügen sich schön zu den deutschen Gedichten, die ihn beschäftigen sollen, den ritterlichen Uhland'schen Balladen; sie laufen parallel der griechischen Sagengeschichte: wir schätzen die Verwandtschaft und den Einklang der Stoffe und ihres Sinnes, zum Zwecke der Bildung einheitlicher, wohlgefugter Vorstellungsmassen.[44])

Die religiösen und Cabinetskriege der neuern Zeit sind wenig geeignet als Stoff zur Fortsetzung dieser Erzählung; sie überspringend, suchen wir einen andern neuen Eingang in die Geschichte und finden eine große Zeit, uns nahe genug, daß die Familienkunde in sie hineinreicht, fern genug, um abgeschlossene Geschichte, nicht Geschehendes zu sein, reich an Zügen von Tapferkeit, Patriotismus, aufopferndem Sinne, um das Verständniß für Mannesthaten zu erwecken und auch für große Thaten fernerer Vergangenheit Verständniß zu begründen; es ist die Zeit der Freiheitskriege zu Anfang unseres Jahrhunderts. An Gedenkstätten aus dieser Zeit wird wohl kein Ort ganz arm sein, wenn schon keiner an Leipzig im Reichthum daran heranreicht; ein Paar Gräber gestorbener Russen und Franzosen, ein Haus wo der Commandeur wohnte u. s. w. wird immer aufzutreiben sein.

Auch hier fehlen die Anknüpfungen an den deutschen Unterricht nicht; Dichtungen von Arndt und Körner, die noch nicht aus Volkes Munde geschwunden, sollen beitragen, Phantasie und Gemüth auf diesem Boden heimisch zu machen. Daß die griechischen Freiheitskämpfe, die nach Herodot daneben erzählt und gelesen werden, werden wir wieder als Gelegenheit symphronistisch,[45]) nicht synchronistisch Geschichte zu behandeln, und das Gemeinsame, Menschliche, Ethische aus den verschiedenen Erscheinungen herauszuheben wohl benutzen.

Späterhin mögen sich an Besprechungen über Gegenstände der Heimath Ausflüge in die Geschichte anschließen. Die kirchlichen Verhältnisse führen auf die Zeit der Religionswirren und -Kriege, aber auch in die der Einführung des Christenthums in Deutschland; Handel und Gewerbe auf die Hebung des Verkehrs und das Erstehen neuen Könnens und Wissens zu Anfang der neuen Zeit. Hier sind nur die Hauptdaten zu geben, denn es handelt sich nur um die analytische Vorbereitung der Geschichte. Wir bemerkten schon früher, daß wir durch eine derartige Behandlung die Einprägung des trockenen chronologischen Gerippes ersetzen wollen, welches nunmehr gleichsam als Niederschlag von heimathskundlichen Besprechungen von selber sich bildet und mehr und mehr verzweigt.

Den Vorwurf, daß bei solcher Behandlung des analytischen Geschichtsunterrichtes das Locale dem Allgemeinen zu sehr seine Farbe gebe und eine uniforme Geschichtsdarstellung verdrängt werde, wird man nicht mit Recht erheben können. Er trifft nur die Behandlungsweise, welche concentrisch die Geschichte der Stadt, der Landschaft, des Stammes der Reihe nach behandelt, ehe sie zur vaterländischen und allgemeinen übergeht.⁴⁶) Wir wollen uns bei jedem geeigneten Anlaß ins Allgemeine erheben, damit zufrieden, in des Zöglings eigener Erfahrung den Anknüpfungspunkt zu haben. Zudem: ist es zu tadeln, wenn am Rhein mehr das Bild Karls des Großen, im alten und neuen Sachsen das Heinrich's I. und Otto's I., in Schwaben Barbarossa's, in Oestreich des kriegerischen Rudolphs besonders in die jugendliche Phantasie eingesenkt wird? Wenn im östlichen Deutschland die Hunnen- und Türkenkriege, im westlichen die französischen Raubzüge sich dem Anfänger etwas breiter und gewichtiger darstellen, als sie es dem sind, der die ganze Geschichte überschaut? Das Correctiv, der spätere Ueberblick des Ganzen, bleibt ja nicht aus. Wohl soll Bildung etwas Nivellirendes haben, und besonders deutsche Bildung an der Aufhebung des particularistischen

Elementes arbeiten; aber das geschieht nicht, wenn über das Individuelle schlechthin weggeschritten, sondern, wenn es maaßvoll gepflegt wird, indem es stets im Zusammenhang mit dem Ganzen, Allgemeinen bleibt. —

Daß diese Heimathskunde, so wenig wie jeder analytische Unterricht keine Schuldisciplin für sich ist, sondern ihr Stoff in den Geschichtsunterricht zu vertheilen ist, wie Würze unter die Speise, brauchen wir nicht noch ausdrücklich zu zeigen. Manche Besprechungen lassen sich schicklich an bestimmte Tage anknüpfen, andere werden, falls zur Autopsie Ausflüge in die Umgegend oder Schulreisen erforderlich sind, in der schönen Jahreszeit an der Stelle sein, andere werden durch die synthetische Geschichte indicirt, indem sie ihr zur Erläuterung und Beleuchtung dienen.

Wenn wir uns nunmehr zur **analytischen Geographie** wenden, so treten wir auf bearbeiteteren Boden. Die Einsicht, daß die geographischen Lehren es vor allen bedürfen, an die eigene Erfahrung des Zöglings angeschlossen zu werden, hat sich früher aufgedrängt und ist weitern Kreisen einleuchtend geworden. Göthe, im Götz, macht sich im Sinne des Publikums über den kleinen Karl lustig, der Schloß und Dorf Jaxthausen nur aus der Lehre, nicht aus häufiger Anschauung kennt. In diesem Punkte hatte Rousseau besonders durchgeschlagen. Er sagt im zweiten Buch des Emil: „In jeder Wissenschaft ist die Kenntniß der Zeichen ohne Kenntniß des Bezeichneten nichtig. Beim Unterricht der Kinder bleibt man aber bei den Zeichen stehen; so beim geographischen, da man Karten zeigt und die darauf bezeichneten Namen beibringt, welche für das Kind eben nur auf dem Papier existiren, wo man sie ihm zeigt. — Nach zweijährigem, gewöhnlichem geographischen Unterricht der Art findet sich ein Schüler nach den erhaltenen Regeln nicht von Paris bis nach St. Denis, er findet sich nicht in seines Vaters Garten nach einem Plane zurecht. So sind die Doctoren, welche über Peking, Ispahan, Mexiko und alle Länder der Erde genauen Bescheid wissen." Und im dritten Buche: „Die Ausgangspuncte der Geographie werden die Stadt sein, wo der Zögling wohnt und das Landhaus seines Vaters, dann die da zwischen liegenden Orte, dann die Bäche der Nachbarschaft, endlich das Betrachten der Sonne und die Art sich zu orientiren. Er mache selber die Karte von all dem, eine einfache Karte, von zwei Objecten beginnend, denen er nach und nach die übrigen zufügt, in dem Maaße als er ihre Distanz und ihre Lage kennt oder abschätzt."⁴⁷)

Ein warmes, deutsches Wort sei diesen Ausführungen noch zugefügt, das auf die tiefere Seite der geographischen und naturgeschichtlichen Heimathskunde hinweist: „Nichts giebt den Kindern, den Knaben, der Jugend mehr wahres Kraftgefühl, regeres und sicheres Gefühl höheren geistigen Lebens; Nichts wirkt stärkender, entwickelnder und erhebender dafür, als das sichere Gefühl und lebendige Bewußtsein, in der nächsten Umgebung, in der Gegend seiner Geburt und seines sich entfaltenden Lebens recht zu Hause, recht heimisch mit der Natur und mit den Naturerzeugnissen seiner Umgegend recht bekannt und vertraut zu sein."⁴⁸) Und fügen hinzu: Die innige Berührung mit dem heimathlichen Boden giebt, wie dem Riesen Antäus die Mutter Erde, dem Geiste immer neue Lust und Kraft auch das Ferne, Fremde zu bewältigen.

Im Schulzimmer müssen die Weltgegenden aufgesucht werden, im Garten, im Hofe, bei Spaziergängen, bei Reisen immer von neuem; auch thut man gut, im Anfang die Karten nicht wie gewöhnlich mit Norden nach oben, sondern nach den Weltgegenden zu legen. Der Horizont muß von verschiedenen Punkten aus, der Sonnenstand zu verschiedenen Tages- und Jahreszeiten beobachtet werden an der Schattenrichtung und Schattenlänge. Das Kartenzeichnen gehe von dem Plane des Schulzimmers, Schulhauses, Schulgrundstückes aus: auch kann ein sehr vereinfachter Plan der Stadt und Umgebung schon früh gezeichnet werden. Größere Spaziergänge und Schulreisen geben Anlaß zu seiner Erweiterung. Das Eintragen der Marschrouten macht den Kleinen eine ganz besondere Freude.

Grenzumgehungen der Fluren oder Feldmarken geben die Vorstellung des Flächenmaaßes; in Thüringen ist auf den Dörfern Sitte, bei den jährlichen Flurumgehungen Schulknaben mitzunehmen; die wackern Bauern wissen die Heimathskunde zu würdigen, ihre Erzählungen von den Schicksalen des Heimathsdorfes, ihre

Einzeichnungen in die Gebetbücher bezeugen gleicherweise das richtige Streben, das im Volke lebt, mit dem Heim und dem Seinen zu verwachsen und auch die Kleinen hineinwachsen zu lassen.

Auch für Entfernungen sind feste Maaßstäbe aus der näheren Umgebung zu gewinnen und an sie zu erinnern, wenn die Lection Angaben der Art bringt. Mit der Größe der heimathlichen Flüsse, Teiche, Berge ist zu vergleichen, was die Geographie von der Ferne berichtet; dadurch werden zugleich die übertriebenen Vorstellungen, die sich die Kinder gerade bei recht lebhaften Schilderungen gern machen, rectificirt. Auch die Einwohnerzahl des Heimathsortes und der Landschaft muß zu Vergleichungen bereit liegen. So kann man leicht und ungezwungen ein statistisches Interesse begründen und zugleich verschafft man dem Rechnen, das ja auch so weit als thunlich auf die eigene Erfahrung des Zöglings basirt werden soll, reichlichen Stoff.

Bei Spaziergängen darf, wenn die Gegend genügend kennen gelernt worden, der Aufflug der Phantasie in die Weite nicht vernachlässigt werden. Beim verschlungenen Walde werde der Urwälder Litthauens oder mit noch kühnerem Anlauf der Amerika's gedacht; kahle Hügel mögen an die Geeste, üppige, reich getränkte Wiesen an die Marschen der Nordseeküste erinnern, weite Wiesenflächen an die Prairieen, sandige Striche an die Wüsten; Fluß- und See-Ufer an die verschiedenen Gestaltungen der Meeresküste; Weinberge in die Weinländer, reiche Felder in die Kornkammern der Erde versetzen u. s. w. f. Auch Ereignisse in der Natur sollen beachtet und für den Unterricht verwerthet werden. Bei starkem Schneefall werde der Polarländer gedacht, bei Regengüssen der Tropen mit ihrer Regenzeit, bei den Herbststürmen der erregten See, auf der vielleicht in dem Augenblick, wo Erzähler und Hörer behaglich im Zimmer sitzen, Menschen in Gefahr sind. Bei einer Sonnen- oder Mondfinsterniß mögen die Völker gesucht werden, die sie mit uns erblicken und mit zwei Worten der Art gedacht werden, wie sie das Ereigniß auffassen, vielleicht ihm mit Gebeten und Beschwörungen begegnen, vielleicht in dumpfer Furcht der Dinge harren, die es ankündigen soll. Wo irgend Menschenwohl und Wehe an eine Naturerscheinung geknüpft ist, da mag der aufsteigenden Phantasie die Theilnahme als Begleiterin auf den Weg gegeben werden.

Bei einem Kunstproduct aus der Ferne werde nicht versäumt, der Menschenhände zu denken, die daran gearbeitet, und der andern, durch die es gegangen, um bis zu uns zu kommen.

Einen anregenden, schönen Gesprächsstoff geben die Zugvögel, die der Frühling wieder bringt aus den warmen Ländern, und der Geographie-Lehrer sollte ohne Besorgniß Andres, zu versäumen, bei Frühlingserwachen eine oder einige Stunden den neuen Gästen und ihren Reiseerlebnissen widmen.

Selbstverständlich müssen Naturproducte ferner Länder, die in unsern Händen sind, in ihr Vaterland zurückbegleitet werden. Die Apfelsinen und Citronen nach Italien, vielleicht in die lachende Poebene, nach der dieselben Alpen jäh niedersteigen, die in unserm Vaterlande allmählich ansteigend sich erheben; das Oel in die Provence, das Land des Rhonedelta und der Alpinen, der südlichen Ausläufer der Alpen; das Lorberlaub nach Italien und Griechenland, wo es seine symbolische Bedeutung als Ruhmeszeichen erhielt u. s. w. f. Beim ersten geographischen Unterricht heiße Arabien das Kaffeeland, China das Theeland, Indien das Zimmet- und Pfefferland, und neben der sich erweiternden Kenntniß der Karte mögen Sammlungen einhergehen, die in besonderen Fächern das aufzeigen, was jedes Land uns spendet. Auf den hohen Werth der Selbstthätigkeit, die durch derartige Sammlungen hervorgerufen wird, haben wir früher hingewiesen.

Hier müssen sich Geographie und Naturkunde die Hand reichen. Daß die Naturkunde ohne Erfahrungen über ihre Gegenstände nichtig ist, ist längst anerkannt; aber es war ein Fehler der Pestalozzi'schen Schule, nur durch künstliche Erfahrung das Anschauungsmaterial beschaffen zu wollen. Wenn Pestalozzi sagt: „Es ist gar nicht in den Wald oder auf die Wiese, wo man das Kind gehen lassen muß, um Bäume und Kräuter kennen zu lernen; Bäume und Kräuter stehen hier nicht in den Reihenfolgen, welche die geschicktesten sind, das Wesen einer jeden Gattung anschaulich zu machen und durch den ersten Eindruck des Gegenstandes zur allgemeinen Kenntniß des Faches vorzubereiten,"[49] so unterschätzt er die Länge des Weges vom kindlichen Anblicken bis zum zergliedernden Schauen des Systematikers. Freilich wäre die bunte Mannigfaltigkeit der kunstlosen Erfahrung wenig geeignet, rasch in systematisches Wissen umgesetzt zu werden; aber in ihr liegen doch die Stellen, von denen aus diese Umsetzung wird geschehen können, und zum andern hat sie das Recht, dem Unterricht Etwas zu sein, schon darum, weil sie da ist und dem Kinde zugänglich ist. Darum mögen im März und April die Frühlingsblumen, später die Feldfrüchte, später das gewöhnlichste Obst im Unterricht behandelt werden, mag auch die Systematisirung des Stoffes noch lange aufgeschoben werden müssen und geschähe es auch einzig zum Zwecke, ein Auge zu bilden, das sieht und gern sieht, was in der Natur um es her sich hinbreitet.

Darum ist die Behandlung von Naturgegenständen, welche innerhalb des Kreises täglicher Erfahrung der Jugend stehen, keineswegs aufzuschieben bis zu der Zeit, wo sie im System ihre Stelle finden. Die Schiefer der Tafel, die Steine der Straße oder des Trottoirs, die heizende Kohle, der Graphit des Bleistiftes, das Holz der Bänke, des Schrankes, der Wandtafel u. s. w. sind alles Gegenstände der analytischen Naturkunde, die auf diese Weise die Anfänge der Waarenkunde und, da es auch von Bearbeitung der Naturgegenstände zu reden giebt, der Technologie in sich schließt.

Für die Mathematik, als apriorische Wissenschaft, scheint das Material der eigenen Erfahrung des Zöglings bedeutungslos; aber wir dürfen nicht vergessen: der pädagogische Eingang zur Mathematik ist der von Seiten der Induction. Der Name der Geometrie giebt einen Fingerzeig, daß das Messen der Anfang der Raumlehre ist. Ehe von Figuren in abstracto die Rede ist, müssen sie an den Dingen herausgegriffen worden sein. Ehe nicht zahlreiche Dreiecke an Häusern, in der Landschaft, im Hof und Garten, am Sternenhimmel, auf der Landkarte aufgewiesen, gemessen, geschätzt, verglichen, variirt worden sind, sollte kein allgemeiner Satz vom Dreieck gegeben werden. Uebungen im Messen und Schätzen des Flächeninhaltes von Hof und Garten und ihren Theilen mögen lange den Lehrsätzen von Bestimmung des Flächen-

Der Unterricht und die eigene Erfahrung des Zöglings.

inhaltes vorausgehn; grade wie das Zeichnen die Lehre von der Aehnlichkeit der Figuren schon geläufig gemacht haben muß, ehe sie abstract behandelt wird. Damit geschieht der Geometrie nur ihr Recht, das ihrer Schwester, der Arithmetik, längst geworden, indem man bei den Operationen mit der Zahl vom Concreten anhebt und das Material, welches das Alltagsleben bietet, dabei seine Stelle finden läßt. [50])

Der analytische Unterricht soll das geistige Material, das ohne sein Zuthun die eigene Erfahrung in die Seele des Zöglings gelegt hat und zu legen fortfährt, zum Zwecke der Lehre verwerthen, wie sollte er den Schatz ungenützt lassen, den beim Kinde schon der Mund der Mutter auf den Weg giebt und an dessen Vermehrung jeder Tag, jede Stunde — und die Spielstunde mehr als die Schulstunde — arbeitet, den Schatz an Sprache und Sprachgefühl. Sprechen zu lehren und Sprachen zu lehren übernimmt der Unterricht; sein natürlicher Boden muß das sein, was an Sprache der Schüler mitbringt.

Es sind hier nicht unvollkommene Anschauungen, wie in den Gebieten, die wir oben durchwandert, die das Kind mitbringt in die Schule, sondern es ist eine unvollkommene Fertigkeit, die zur Vollkommenheit geführt werden soll. Ein Kind muß in Kindesrede erst geübt werden, ehe es der Rede der Erwachsenen zugeführt werden kann; es muß mit seinen unvollkommenen Werkzeugen arbeiten dürfen: dann vervollkommnen sie sich ihm unter der Hand mit der Hand zugleich. Der Sprachschatz, den die eigene Erfahrung in das Kind gelegt, muß zunächst zur Verwendung, sein Sprachgefühl in Wirksamkeit kommen.

Wir haben an dieser Stelle noch nicht mit der Bedeutung des Sich-Aussprechenlassens der Kinder für die Hebung der geistigen Thätigkeit zu thun, welcher Gegenstand uns erst später beschäftigen wird. Wir haben es hier mit der Form des Sprechens zu thun und treten dafür ein, ihre Naturwüchsigkeit mit Schonung zu behandeln, um das sprechende Kind nicht in seiner Individualität aufzustören. Der Dialekt, den etwa die Kinder mitbringen, muß auch erst allmählich durch das Hochdeutsche ersetzt werden; zuerst auszutreiben ist er aus dem, was die Kinder aufsagen oder vorlesen; bei Besprechungen dagegen begnüge man sich mit rascher Correctur des Fehlerhaften, dessen richtige Form noch einmal zu wiederholen ist. Dagegen sind Wendungen und Redensarten des Dialekts, wenn sie dem hochdeutschen Sprachgefühl, obschon fremd, doch nicht widersprechend sind, getrost durchzulassen.⁵¹)

Wie der mitgebrachte Sprachschatz für die Erweiterung des Materials der Rede, so ist das mitgebrachte Sprachgefühl für die Belehrung über die Sprachform der natürliche Ausgangspunkt: zur Grammatik muß mit und an der Muttersprache der Grund gelegt werden. Das eigene Sprechen ist das erste Object sprachlicher Beobachtung; und daß mit der Beobachtung die Grammatik anzuheben habe, ist früher gezeigt worden. Vertrautheit mit den wesentlichen grammatischen Kategorieen, Uebung im Zerlegen und Variiren der Sätze sind Vorbedingungen eines gedeihlichen Betreibens der fremden Sprachen. Damit ist nicht das frühe Einführen der grammatischen Kunstausdrücke verlangt, vielmehr genügen Umschreibungen oder vorläufige Bezeichnungen vollkommen für den ersten Gebrauch. Wird nur, wenn ein Satztheil verlangt wird, immer an den ganzen Satz, in dem er zuerst gefunden wurde, erinnert, so bleibt man von voreiligen Abstractionen fern. So stellen sich sehr bald die Resultate heraus: bei jedem Satze kann man fragen: Wer oder was? Was geschah, was war? bei manchen: wen oder was? bei andern: wem? bei wieder andern beides u. s. w. Ein Hauptwort ist, vor das man: der, die, das setzen kann, ein Zeitwort, vor das: ich, du, er u. s. f.⁵²)

In wie weit der deutsche Aufsatz an der Bearbeitung des analytischen Materials mitzuwirken, führen wir hier nicht aus; wir kommen auf ihn, als ein Bindeglied der verschiedenen Disciplinen und ein Hauptmittel der Concentration in der letzten Abhandlung zurück.

In der eigenen sprachlichen Erfahrung des Knaben liegt nun nicht nur das Material für die Lehren der allgemeinen Grammatik, auch für die erste fremde Sprache, das Lateinische, können und sollen in ihr die Anknüpfungspunkte aufgesucht werden. Die Franzosen und Engländer verwerthen beim Lateinlehren sehr wohl das lateinische Element ihrer Sprache, wir können es in minder ausgedehnter Weise, aber immerhin mehr, als es gewöhnlich geschieht, ihnen nachthun. Das landesübliche mensa, mensae, hortus, horti schaut den Kleinen völlig fremdartig an, aber Maria und Mariae Geburt, Christus und Christi Geburt ist ihm wohl vertraut. Trinitatis, Palmarum, Johanis, Michaelis u. v. a., die ihm Bekanntes bezeichnen, weisen ihm zugleich die Formen auf, die er lernen soll. An zahlreichen bekannten Namen und Bezeichnungen besitzt er schon Lateinisches, ohne es früher gewußt zu haben: Augustus, Sylvester, Felix, Clara, Alma, Album, Sexta, Quinta, September, plus, minus, vivat, vidi, datum, orbis pictus, dividendus, Victor, doctor, professor, director, welche Reihe sich noch sehr erweitern läßt. Den Fortgeschrittenern mögen an die Hand gegeben werden Worte wie: Censur, Fixstern, Tonsur, Cultur, Motion, Medicin, Subtraction, zur Lehre vom Verbum; zur Vocabellehre: Fieber (febris), Mauer (murus), Pforte (porta), Straße (strata via), Oel (oleum), kosten (constare) u. s. w.

Späterhin mögen lateinische Redensarten und Sprüche zusammengestellt und erklärt werden: als erfrischende heimische Zuthat zu dem Fremden.⁵²)

Solche Fremdwörterkunde hat, wie die andern Zweige des analytischen Unterrichts, den doppelten Vortheil, einmal dem Fremden Anknüpfung zu gewähren und so seine Aufnahme mit Lust und Leichtigkeit zu bewirken, zum andern, Aufmerksamkeit und Verständniß zu begründen, für die Herkunft der Worte, die das Leben hinwirft. Auf einen weitern, dritten Vortheil weisen wir gleich hin.

Keineswegs wird durch diese Beschäftigung mit Fremdwörtern die Vorliebe dafür begründet, im Gegentheil leuchtet dem, der auf das Gepräge dieser fremden Münzen hingewiesen wird, ein, wie vorsichtig sie auszugeben sind, da man dazu Aufschrift und Curs genau kennen muß.

Und diese fremden Wortmünzen sind ja so gut wie wirkliche Münzen, so gut wie ausländische Waaren und Producte ein Stück Fremde, das hereinragt in die Heimath und darin liegt ihr Werth für die Geschichte und Geographie. Wenn das

Wort Zenith auftritt, so soll sein arabischer Ursprung erwähnt und der zahlreichen Sternwarten im maurischen Spanien gedacht werden. Die Worte Admiral, Kattun, Kaffee, Almanach, Magazin, Arsenal, Alkoven sprechen, wenn man ihre stumme Rede zu vernehmen versteht, so lebendig, wie Reste von maurischen Schiffen von der Ausdehnung und Bedeutung des Handels und Verkehrs der Araber. Die italienischen Handelsrepubliken haben sich verewigt in den kaufmännischen Ausdrücken: brutto, netto, conto, Rabatt, Porto. Athen und Alexandria sind die Prägstätten von Worten wie Mathematik, Astronomie, Horizont, Grammatik, Syntaxis u. s. w. s. Die Römer schenkten unsern Vorfahren die Bezeichnungen für viele Gegenstände des gewöhnlichen Lebens, wie Kerze, Uhr, Kammer, Tisch, Becher, Butter, Käse u. v. a. Durch ihre Sprache bereicherte uns die Kirche mit Bezeichnungen kirchlicher Dinge und religiöser, ethischer Verhältnisse.

Wir können nur dürftig andeuten, welcher Reichthum von Belehrung in diesem confinium von Sprachlehre und Culturgeschichte liegt; Belehrung, die an das Alltäglichste anknüpft und es mit Wissen und Denken versetzt: fürwahr kein geringfügiges Mittel, die geistige Thätigkeit zu heben. —

So haben wir denn die Fundstätten des analytischen Unterrichts bezeichnet; wir konnten nicht darauf eingehen, wie er sein Material nach den verschiedenen Stufen, in die verschiedenen Gegenstände zu vertheilen habe: das könnte nur ein detaillirter Lehrplan angeben. Doch soviel machten wir aus, es giebt ebenso wenig einen selbstständigen Anschauungs- als analytischen Unterricht; beide sind Fermente, die allen Disciplinen zu Gute kommen sollen, beide tragen ihre Einheit nicht in sich — denn die eigene Erfahrung des Zöglings hat den Stempel des Zufalls — aber sie sind zur Stiftung neuer Verbindungen und Beziehungen des Lehrstoffs nützlich und nöthig — doch damit streifen wir schon den Gegenstand unserer nächsten Betrachtung.

Die jetzige mag noch ein Wort über die Mitwirkung der Familie zur Erweiterung und Bearbeitung der eigenen Erfahrung des Zöglings beschließen.

So reiche Aufgaben fallen der Familie in diesem Gebiete des erziehenden Unterrichts zu, daß man versucht sein könnte, Manches von dem, was wir der Schule zuwiesen, vielmehr ihr zu geben. Auge und Herz zu öffnen für das, was um das Kind her ist und geschieht, ist eine so schöne Aufgabe der Mutter und später des Vaters, daß der Schule nur die Früchte zuzustehen scheinen. Wohl ihr, wenn sie solche Früchte zu erndten hat; aber ihre selbstständige Aufgabe wird bleiben: an das Einzelne das Allgemeine, an den Theil das Ganze, an das Nahe das Ferne anzuschließen und in dieser kann die Familie sie noch immer trefflich unterstützen, ohne ihr die Arbeit abzunehmen.

Ueber „die Familie als Schule der Natur" hat sinnig und schön Berthold Sigismund gesprochen in seinem gleichnamigen Büchlein, wobei er auch Andeutungen über Anleitung zur Erdkunde, Bildung des Schönheitssinnes u. a. giebt.

Auf ihn verweisend, wollen wir nur eines Zweiges der häuslichen Lehre gedenken, dessen Pflege ausschließlich der Familie zusteht und der im Geschichtsunterricht seine schönsten Früchte tragen wird: der Familienkunde.

Es ist das Geringste, daß die Kinder durch Erzählung von Schicksalen und Erlebnissen der Eltern, Verwandten, Großeltern vieles Geschichtliche und Geographische zu hören bekommen, das ihnen persönlich nahe rückt und darum unverlierbar wird — werthvoll genug für den Unterricht — es ist hier die ethische Seite die ungleich bedeutendere: „in jede eigene Kindheitlage können die Eltern erzählend blos und wahr bleibend alles legen, was die wärmere Kindernatur begeistert und befruchtet"[54]) und noch mehr: „Wohl dem, der seiner Väter gern gedenkt;" wohl dem Kinde, das allmählich einwächst in den weitern Kreis der Familie, der sich ins Grab und übers Grab fortsetzt. Ihm wird früh die Ahnung werden, daß „viele Geschlechter sich dauernd reihen an ihres Daseins unendliche Kette" und die tiefere Ahnung, daß es selbst ein Glied einer noch größern Familie ist, die ihre Kunde nach Jahrtausenden zählt.

V. Die Verknüpfung des Lehrstoffes.

Fortdauernde Verknüpfung von Lehre und eigener Erfahrung als Mittel zur Erhöhung der geistigen Thätigkeit, war der leitende Gedanke unserer vorigen Betrachtung. Wir setzen ihm nunmehr die umfassendere Maxime an die Seite, daß alle Stoffe des Unterrichts, so wie alle Fächer desselben, in steter wechselseitiger Verbindung erhalten werden müssen, wenn im Zögling eine wohlverzweigte und bewegliche Vorstellungsmasse begründet werden soll, wie sie geeignet ist, der Sitz eines dauernden Interesse, die Quelle geistiger Thätigkeit zu werden.

Auf einen Ausspruch Lessings seien unsere beiden letzten Betrachtungen aufgebaut, der unseres Wissens in seiner Bedeutsamkeit noch nicht gewürdigt worden ist.

Im Jahre 1759, drei Jahre vor dem Erscheinen des Emil, zur Zeit als Pestalozzi noch ein Knabe war, untersucht Lessing die pädagogische Bedeutung der Fabel und wirft dabei — in seiner Art — einen Gedanken hin, von dem, wie der Engländer sagt, jedes Wort ein Buch ist.

„Warum fehlt es in allen Wissenschaften und Künsten so sehr an Erfindern und selbstdenkenden Köpfen? Diese Frage wird am besten durch eine andere Frage beantwortet: Warum werden wir nicht besser erzogen? Gott giebt uns die Seele; aber das Genie müssen wir durch Erziehung bekommen. Ein Knabe dessen gesammte Seelenkräfte man so viel als möglich in einerlei Verhältnissen ausbildet und erweitert;

den man angewöhnt, alles, was er täglich zu seinem kleinen Wissen hinzulernt, mit dem, was er gestern bereits wußte, in der Geschwindigkeit zu vergleichen nnd Acht zu haben, ob er durch diese Vergleichung nicht von selbst auf Dinge kommt, die ihm noch nicht gesagt worden;

den man beständig aus einer Scienz in die andere hinübersehen läßt;

den man lehrt, sich eben so leicht von dem Besondern zu dem Allgemeinen zu erheben, als von dem Allgemeinen zu dem Besondern sich wieder herabzulassen:

der Knabe wird ein Genie werden, oder man kann nicht in der Welt werden."[55])

Wir wollen uns nicht an das Wort „Genie" stoßen, das heutzutage in anderer Bedeutung gebraucht wird, als es Lessing anwandte. Setzen wir für Genie heller, denkender Kopf, so wird jedes Mißverständniß vermieden.

Betrachten wir denn die Forderungen im Einzelnen, die Lessing aufstellt, und ziehen wir zugleich die Aussprüche von Pädagogen an, die geeignet sind, die Worte des großen Dichters und Literaten zu erläutern und näher zu bestimmen.

Man könnte schwanken, ob man unter der Ausbildung und Erweiterung der gesammten Seelenkräfte in einerlei Verhältnissen zu denken habe an die Beibehaltung der die Erziehung begleitenden Umstände, also an die Continuität oder an die Ausbildung der Seelenkräfte in einer festgehaltenen Proportion, an die Harmonie in der Erziehung. Wir möchten uns für das letztere entscheiden und die „gleichschwebende Vielseitigkeit" der Herbart'schen Erziehungslehre anziehen. Es wäre eine eigene Abhandlung erforderlich, um diesen Gedanken zu verfolgen; hier wollen wir nur an die Forderungen harmonischer Erziehung erinnern, auf die wir auf unserm bisherigen Wege, der ja nur der eines Streifzuges durch das große Gebiet der Erziehungsfragen ist, einen Blick werfen konnten. Mehrfach verlangten wir zum Zweck der

Erhöhung der geistigen Thätigkeit, die Einsetzung der Phantasie in ihr Recht, gegenüber der Verstandesbildung; so beim ersten Unterricht, auf der Märchenstufe, wie weiter im Laufe des geschichtlichen Unterrichts; denn die phantasirende Thätigkeit ist Anfangs der Stamm, späterhin ein starker, volllaubiger Ast der jugendlichen Geistesthätigkeit und wenn auch in der Proportion der Seelenkräfte ihr Exponent geringer werden mag, so soll er niemals ganz verschwinden.

Das Gleichgewicht der eigenen Erfahrung durch Anschauung und der Belehrung forderten wir in der vorigen Besprechung.

Wir verlangten an andern Stellen, daß man neben der Erkenntniß und an ihrem Stoffe die Theilnahme pflege, damit die Straße vom Kopf zum Herzen gut und schnell fahrbar werde. Das Verhältniß der Kopf- und Herzensbildung muß ein constantes bleiben; auf keiner Stufe darf der Unterricht ablassen, das Bild menschlichen Freuens und Leidens, Sinnens und Schaffens so tief zu senken, daß auch das Gefühl davon Besitz nehme.

Wir wiesen ebenso darauf hin, daß den kindlichen Ansätzen zum Wollen Raum und Stoff gegeben werden müssen, indem man den Lehrgegenständen Anregung zu praktischer Bethätigung abgewinnt und sie in das Leben der Kinder überleitet. Wir erblickten darin das Correctiv der praktischen, der Utilitätsrichtung in der Pädagogik.

So viel zum Erweis, daß uns Lessings vollgewichtige erste Forderung nach dieser Seite hin nicht unvorbereitet findet.

Auch die zweite Forderung ist uns nicht fremd; wir haben verlangt, daß das Lernen ein Zulernen sei, damit es das Gefühl der Bereicherung erzeuge und daß auch die positiven Lehrstoffe durchsetzt werden mit Schlüssen und Combinationen; aber um dem ganzen Umfang der Vorschrift gerecht zu werden, müssen wir etwas weiter blicken und ausholen.

Nicht jedes Lernen ist ein Zulernen, und darum auch kein — Lernen. In unsrer Zeit der Journale, wo uns so reicher, verschiedenartiger Stoff tagtäglich zugeführt wird, müßten wir uns leichtlich ein vielseitiges Kennen, wenn Wissen zu viel gesagt ist, erwerben können, wenn mit dem bloßen Hinnehmen schon das Aneignen gethan wäre. Aber letzteres erfordert die Verflechtung mit dem bereits Gewußten und das erfordert Zeit und eigene Thätigkeit und wer hat beide immer bereit, wenn er etwas Neues aufnimmt? Gerade wie man mit einer Landkarte erst vertraut wird, wenn der Blick, Beziehungen schaffend, mehrfach von einem Punkte zum andern, von beiden zum dritten, von allen dreien zum vierten u. s. w. f. gewandert, so wird ein Wissensstoff der Seele erst Eigenthum, wenn sie ihn mit einem Netze wechselseitiger Beziehungen überspinnt.

Aber noch mehr: wahres Lernen ist nicht nur Zulernen, sondern auch Umlernen. Durch Erweiterung eines Wissensstoffes und die Beziehungen, die dabei gestiftet werden, ergeben sich neue Beziehungen und Combinationen, steigen neue Gedanken auf, wie man sagt. Werden sie wieder zurückgebogen zu dem Herde, auf dem sie entsprangen, so kann dieser ein ganz anderes Ansehen erhalten: man hat umgelernt. [56])

Des Zulernens Voraussetzung ist, daß das Gewußte präsent erhalten und mit dem neu Auftretenden in Beziehungen gesetzt werde, Voraussetzung des Umlernens, daß mit dem durch Zuwachs vergrößerten Material operirt werde, neue Verknüpfungen in ihm veranlaßt werden.

Das Präsenterhalten des Gewußten geschieht durch vielfache Wiederholung. „Wiederholung ist die Mutter der Studien", sagt der alte Spruch. Nicht genug kann beim Unterricht auf Wiederholungen gedrungen werden. Sie dürfen aber nicht als eine unvermeidliche Arbeit aufgefaßt werden, die das Fortschreiten hemme und aufhalte; vielmehr müssen sie in den Fortschritt selber aufgenommen werden.

Keine Stunde sollte anders, als mit der Erinnerung an das in der vorigen Behandelte eröffnet werden, sei es, daß die Schüler es in der Hauptsache recapituliren, sei es, daß es der Lehrer durch einige wohlberechnete Fragen zurückruft und so den Gedankenkreis für das Neue vorbereitet. Wenn irgend möglich, ist in die Wiederholung Abwechselung hineinzubringen. Hierin besteht wesentlich eine Kunst des Unterrichts, das Alte neu zu behandeln und dadurch neu zu machen. Dazu thut man, wenn man den Gesichtspunkt verändert, den Stoff nach andern Rücksichten auftreten läßt, als er bei der ersten Behandlung auftrat, neue Reihen bilden läßt. Selbst in reinen Gedächtnißsachen sind hier Variationen aller Art möglich und geboten.

Ebenso sind gelegentliche Wiederholungen anzustellen, sobald bemerkt wird, daß die Sicherheit im Wissen von irgend Etwas fehlt. Dann wird am besten die ganze Reihe, deren Glieder sich etwas verdunkelt haben, zurückgerufen. Der Lehrer muß für Vergeßlichkeit seiner Schüler sehr sensibel sein, in dem Sinne, daß er innehält und nicht eher weiter geht, als bis Anstalten zur Wiederauffrischung getroffen sind. Ein Schüler, der etwas für den Unterricht Wichtiges vergessen hat, muß noch in der folgenden Stunde angehalten werden, von der Auffrischung seines Gedächtnisses Probe abzulegen. So wenig schriftliche Strafarbeiten zu billigen sind, so ist doch das Anhalten zum Aufschreiben von Vergessenem sehr zu empfehlen, vorausgesetzt, daß dabei der Charakter der Strafe ganz fern bleibe. Aufschlagen der vergessenen Stelle, Wiederlesen im ganzen Zusammenhang, Combiniren mit andern Daten, sind Mittel, schadhafte Gedächtnißstellen auszubessern.

Mit Argusaugen wacht der rechte Lehrer über den Schatz an Wissen, den seine Schüler erworben haben; Nichts darf abhanden kommen davon, Staub und Rost müssen ferngehalten werden. Wie neben dem Erwerben das Erhalten, Verwalten, Erweitern des Erworbenen hergehen muß und noch größere Umsicht erfordert als das Erwerben selber, so ist das Wacherhalten des Gelernten neben dem Lernen, wodurch dies eben Zulernen wird, eine wesentliche, Sorgfalt und stete Aufmerksamkeit erfordernde Aufgabe des Haushaltens mit dem Lehrstoffe.

Aber der Kunst des Lehrers allein soll diese Aufgabe nicht zugewiesen werden; der ganze Lehrplan und Lehrgang muß, wenn das Wort gestattet ist, repetitiv sein.

Es ist eines der wesentlichsten Verdienste Pestalozzi's, den Grundsatz festgestellt zu haben, daß der ganze Lehrgang auf das Beibehalten und Fortüben der im Unterricht aufgetretenen Elemente angelegt sein müsse. Kein Element darf ungenutzt liegen bleiben, es muß seine Verwendung finden, um durch unwillkürliche Wiederholung sich zu befestigen."[87]) So beim Lesen und Schreiben; die Wiederkehr von neuaufgetretenen Buchstaben darf nicht dem Zufall überlassen bleiben, sondern es müssen in der Folge Worte oder Sätze auftreten, in denen sie Verwendung finden.

Im Zeichnen müssen eingeübte Linienverbindungen in einer neuen Combination zur Anwendung kommen.

Im Gebiete der Sprachlehre hat Mager dieses Princip besonders zur Anwendung gebracht, und in der Anlage seiner Sprachbücher gesorgt, daß „das Gelesene, Gelernte, Eingeübte dem Schüler im Fortgange seines Lernens immer wieder vorkomme, so daß die repetitio mater studiorum nicht bloß dann statt hat, wenn der Lehrer sagt: Jetzt wollen wir wiederholen, sondern das Wiederholen durch die Oekonomie des Lehrganges gesetzt und dem fortschreitenden Unterricht immanent ist."[88])

Aber nicht in allen Gebieten schaltet man frei genug über den Stoff, um ihn nach dem genannten Gesichtspunkt anordnen zu können, und für diese giebt es noch ein zweites Mittel, die Repetition dem Unterricht „immanent" zu machen, ein Mittel, das zugleich der freieren Verwerthung des Gelernten dient, die wir jetzt ins Auge fassen.

Der Knabe soll nach unserm Ausspruch nicht nur das Zugelernte mit dem Gewußten in Verbindung setzen und vergleichen, sondern auch angehalten werden, „Acht zu haben, ob er durch diese Vergleichung nicht von selbst auf Dinge kommt, die ihm noch nicht gesagt worden," mit andern Worten, er soll aus dem Empfangen zum Produciren übergeleitet werden.

Repetition und Production sind beide für Verarbeitung des Lehrstoffes erforderlich und ergänzen einander. Bei der Repetition, mag sie einfach oder kunstvoll angelegt sein, veranlaßt der Lehrer die Verknüpfung der Vorstellungen, in der Production nimmt sie der Schüler selber vor. Repetiren ohne produciren macht das Wissen wohl zum sichern, aber noch nicht zum schnell verfügbaren Eigenthum; produciren ohne fortgehendes Auffrischen des Gelernten gewöhnt zur Leichtfertigkeit und zum Spiel mit den Gedanken.

Production ist ein hochklingendes Wort und man wird Anstand nehmen, auch den unteren Stufen Production zuzuschreiben.

Wenn wir dennoch auch für diese Production verlangen, so geschieht es nur in dem Sinne, daß wir auch den Kleinen Gelegenheit geben wollen, aus dem was sie gesehen, gehört, gelernt haben, in freier Weise Etwas von sich zu geben. Wir werden deutlicher werden, wenn wir die Stelle im Unterrichtsgange bezeichnen, an die wir das Wiederholen und das Vorbringen von Eigenem zugleich verlegen wollen; diese Stelle ist die **Vorbereitung** eines neuen Abschnittes oder Theiles des Unterrichtsstoffes.

Der Unterrichtsstoff muß vielgegliedert sein; ihn in fortlaufender Reihe abhandeln, wäre gänzlich unpädagogisch, die Anforderung der Klarheit in der Auffassung verbietet dies; vielmehr ist er nach Bedürfniß in kleinere Abschnitte zu zerfällen, etwa für eine oder zwei, drei Lehrstunden. Jeder dieser Abschnitte ist sowohl an die früheren, als an den kindlichen Gedankenkreis überhaupt vielfach anzuknüpfen und dies muß in einer Vorbesprechung geschehen, dem Orte der immanenten Repetition und Production.

Dem Neuen muß in dem Alten der Boden bereitet werden; es müssen Vorstellungen zurückgerufen und angeregt werden, die dem Neuen entgegenkommen sollen, damit hemmungslos die Vereinigung beider vor sich geht. Hemmungen würden entstehen, wenn in dem Neuen Schwierigkeiten lägen, denen nicht vorgebaut worden; ferner, wenn die Erfassung der wesentlichen Punkte nicht sicher vor sich ginge, mit einem Worte, wenn an dem Neuen noch viel herumgesprochen und erklärt werden müßte. Dies wird durch die Vorbesprechung vermieden; sie ruft die Vorstellungen wach, an die das Neue anknüpfen wird; und blickt insofern rückwärts und wird zur Stätte der Wiederholung; sie regt Gedanken an, die in dem Neuen vorkommen werden und leitet auf sie hin: und giebt so die Gelegenheit, die Schüler suchen, fragen, sprechen zu lassen.[59])

Zwei Beispiele mögen das erläutern. Wir wählen zu beiden Gedichte, weil sie kleine Einheiten darbieten, während bei fortlaufender Erzählung die einheitlichen Abschnitte erst hergestellt werden müssen. Es sei vorzubereiten: „Der reichste Fürst" von J. Kerner, das bekannte Gedicht, in welchem der Dichter deutsche Fürsten vorführt, die im Kaisersaale zu Worms ihre Länder preisen; der Sachse lobt seine Bergwerke, der Pfalzgraf vom Rhein

Die Verknüpfung des Lehrstoffes.

seine Saaten und Reben, der Bayer seine reichen Städte und Klöster, Eberhard von Würtemberg Nichts von alledem: die Treue seiner Unterthanen ist sein Schatz, und die andern müssen ihn für den reichsten anerkennen.

Auf zweierlei wird es hier in der Vorbereitung ankommen. Erstens gilt es Verhältnisse und Zustände im Voraus verständlich zu machen, die im Gedichte vorkommen und hier heißt es (vorausgesetzt, daß das Gedicht an seiner rechten Stelle auftritt) Bekanntes zurückrufen, wenn nöthig, ergänzen und weiterführen; zweitens aber, dem Grundgedanken des Ganzen ein rasches und gründliches Verständniß sichern und hier heißt es, der Schüler eigene Gedanken in Bewegung setzen und sie, ohne ihnen die freie Bewegung zu nehmen, zuspitzen zu der Pointe des Gedichtes.

Vorbemerkt sei, das wir etwa zehn- oder elfjährige Schüler voraussetzen, die mit der Heimaths- und Vaterlandskunde schon etwas vertraut sind, aber das vorzubereitende Stück noch nicht kennen.

Welche deutsche Länder sind uns bekannt? War früher (das Gedicht spielt um 1490) dieselbe Eintheilung Deutschlands als jetzt? und hatten die Fürsten gleiche Titel? Was sind Kaiserstädte und welche sind bekannt? Hier tritt Worms auf; seine Lage beschrieben und aufgesucht. Sind die Nibelungen bekannt, so wird an sie erinnert u. s. w. Nun treten die vier Länder: die Rheinpfalz, Würtemberg, Bayern, Sachsen auf; von jedem wird genannt, was bekannt ist und hingeleitet auf die Züge, die im Gedicht auftreten werden. Vielleicht ist aus der Heimathskunde die Gründung der Bergstadt Freiberg, 1174 durch Otto den Reichen bekannt. Sollten die Klöster (Bayerns) einer Vorbereitung bedürfen, so ist hier die Stelle. Nun ein Wort über den Reichthum eines Landes? Fruchtbarkeit, Bergbau, reiche Städte und Güter werden aufgeführt. Macht der Reichthum des Landes, des Fürsten auch schon sein Glück? Dazu ist Eintracht zwischen Herrscher und Volk nöthig. An Fälle der gestörten Eintracht, an Fälle der bestehenden Eintracht erinnert, so weit sie vorgekommen. Gedacht werde der Sage von den lebendigen Mauern des Landgrafen Ludwig von Thüringen, oder Radbods von Habsburg.

Ergebniß: Friede und Eintracht zwischen Fürst und Volk ist eine andere, höhere Art Reichthum, Treue der Unterthanen ist ein kostbarer Edelstein.

Nun folge die Lectüre des Gedichtes. Zusammenfassung, Erklärung und Einzelbesprechung gehen rasch von Statten. Das Ganze ist bewältigt, verstanden und vielfach an früher Bekanntes angeknüpft.

Ein zweites Beispiel, das zugleich von der Vorbereitung der Stimmung auf das Aufzunehmende eine Probe geben und nachweisen möge, daß Poesie, die nicht für Kinder berechnet ist, aber wahre, echte Poesie ist, Kindern sehr wohl zugänglich gemacht werden kann.

Es gelte, etwa 8- oder 9jährigen Kindern, den ersten Vers des schönen Geibelschen Frühlingsliedes deutlich und lebendig zu machen: „Der Mai ist gekommen, die Bäume schlagen aus; Da bleibe, wer Lust hat, mit Sorgen zu Haus; Wie die Wolken wandern am himmlischen Zelt, so steht auch mir der Sinn in die weite, weite Welt." 60)

Ist das nicht zu hoch für die Kleinen? Sehen wir zu.

Es gilt ein Doppeltes: die ungewöhnlichen, höheren Wendungen der Sprache des Liedes vorzubereiten und die Stimmung zur Aufnahme des Verses zu begründen. Daß während der Besprechung der Frühling draußen webt, das setzen wir voraus.

Wann hat das Frühjahr begonnen? Wann wird es schließen? Welche Monate umfaßt es? Was zeigt es uns Alles im Freien? — Nun fließen die Lippen der Kleinen über. Auch der unpoetischen Frösche wird gedacht und des üblen Lauchgeruchs im Walde. Mag sein! Die Wahrheit des Lebens geht über Alles! — Man bleibt nicht gern im Zimmer sitzen im Frühling, wenn man Muße hat und die Arbeit gethan ist. Nun berichten die Kinder von ihren Spaziergängen. Das Locale angeben zu lassen versäume man nicht. Es giebt aber grämliche Leute, die nicht mit hinaus wollen; wir lassen sie sitzen, wir ziehen ohne Sorgen hinaus. Hinaus, weit hinaus wollte auch Robinson, auch die Kinder des Märchens litt es zu Hause nicht, sie wollten in den Wald, wo jetzt die Bäume ausschlagen, oder in die weite, weite Welt stand ihnen der Sinn. Könnten wir nur durch die Lüfte wandern über Berg und Thal, wie — die Vögel, sagen die Kinder. Gewiß, wie die Vögel, etwa die Zugvögel, die jetzt wiedergekommen sind. Aber in der Luft wandert noch Etwas, noch höher als die Vögel, ohne Flügel und ist kein Thier, kann manchmal einem Thiere gleichen. Was ist das? Die Wolken. Und über ihnen ist der blaue Himmel. Der ist eine Glocke, die über die Erde und Wolken gesetzt ist, damit sie nicht bestauben? Nein, aber er sieht etwa so aus, wie eine blaue Glocke oder ein blaues Zelt, das über Alles gespannt ist.

Folgt nun das Vorsprechen jenes Verses, so wird er nach dem Sinne der Worte, wie nach der Stimmung richtig erfaßt und verstanden, denn die Worte des Dichters geben den Gedanken, die man aus den Kindern herausgelockt, nur eine andere Form und es ist ein Leichtes, die dichterischen Wendungen umzusetzen in geläufigere, und den Inhalt mit eigenen Worten angeben zu lassen.

Die beste Synthese zu dieser Analyse ist ein Spaziergang im Wald, auf dem das neue Lied gesungen wird. —

Die beiden Beispiele haben gezeigt, wie diese Vorbereitung für Wiederholung und für Production eine Stätte geben. Den Fäden, die das Neue mit dem Alten verbinden sollen, wird nachgegangen und dabei des Alten vielfach gedacht; aber auch auf das Neue zu sollen sich die Gedanken bewegen: nun so müssen sie zuerst hervorkommen, um dann geprüft und gesichtet zu werden. Es ist kein Hineinreden ins Unbestimmte, denn der Lehrer hat seinen bestimmten Punkt im Auge, auf den er lossteuert durch die Wellen des kindlichen Gedankenlaufes; eben so wenig ist es ein bloßes Abfragen und Wiederholen, denn die Kinder müssen aus sich schöpfen; was der Lehrer ihnen zurückruft, ist bloß Stützpunkt; sie müssen selber finden, was ihnen nicht gesagt worden.

Es versteht sich und unsere Beispiele zeigen es, daß hier die Stelle ist, wo die eigene Erfahrung der Kinder vielfach herhalten muß. Sie ist ja die breiteste Grundlage für die kindliche Production; dürfen wir doch schon mit diesem Namen das Erzählen Schildern von Gesehenem benennen. Und brächte die Pflege der eigenen Erfahrung des Zöglings auch nur den Vortheil, daß sie ihm den Stoff gäbe, aus eigenen Mitteln etwas zu sagen, zu erzählen, zu schildern, zu beurtheilen, so hätte der erziehende Unterricht allen Grund, Sorgfalt darauf zu verwenden. Wir haben sie in ihrer ganzen Bedeutung in unserer vorigen Betrachtung gewürdigt.

Da die Vorbesprechungen, die hier in Rede stehen, wesentlich schon vorhandenen Wissensstoff, stamme er nun aus eigener Erfahrung oder früherem Lernen, behandeln, also die Gedanken nur herauslösen und -sondern, so heißen sie schicklich **analytische Vorbesprechungen, Analysen.**

Wir werden weiterhin sehen, durch welche andere Operation sie ergänzt werden, die nach dem Auftreten des Neuen vorzunehmen ist; jetzt ein Wort über die Ausdehnung dieser Analysen. Was die Lehrfächer anlangt, so vindiciren wir sie vor Allem dem geschichtlichen, dem deutschen, dem Religionsunterricht und der Lectüre in fremden Sprachen. Sie versehen in diesen Gegenständen einen Theil dessen, was man Erklärung nennt; daß sie mehr sind als Einleitungen, wenn man will Ueberleitungen und Anleitungen, ergiebt sich aus dem Gesagten.

Bei der **Geschichte** gehört in die analytische Vorbesprechung zunächst das heimathskundliche Material; es wird dadurch der Vermischung der Bilder ferner, vergangener Zustände und Ereignisse mit den nahe gelegenen, die doch heranzuziehen sind um des besseren Verständnisses willen, vorgebeugt. Auch das geographische und naturgeschichtliche Material, das ein bestimmter Geschichtsabschnitt voraussetzt, kann in der Vorbesprechung seine Stelle finden, da die Erzählung oder Lectüre selber nicht durch Aufsuchen und Nachschlagen unterbrochen werden darf, vielmehr der Abschnitt unzerstückt und als Ganzes auftreten muß. Auch Vorblicke sind hier an der Stelle; Vermuthungen, welche Wendung eintreten wird u. s. w.; sie befördern das denkende Rückblicken auf den bekannten Theil der Erzählung. Kommen Partien, die sich aus dem Vorhergehenden in der Hauptsache erschließen lassen; z. B. Reden, die ganz aus der Situation herauswachsen, so sind sie ihrem Inhalt nach ebenfalls im Voraus zu entwerfen.

So z. B. Odyssens' Ansprache an Nausikaa, die so völlig in der Situation wurzelt, daß die Schüler sie Punkt für Punkt vorweg angeben können. ⁶¹)

Im Deutschen ist bei Gedichten und Lesestücken in demselben Sinne zu verfahren. Wie auf den Grundgedanken im Voraus hinzuleiten ist, haben wir an dem ersten Beispiel gezeigt, wie auch die Stimmung zu erwecken, an dem zweiten. Im Falle man das Material kennt, das dem Dichter vorgelegen hat, ist es sehr anziehend und lehrreich, von diesem auszugehen um die Veränderungen, die er vorgenommen, um so schärfer bemerken zu lassen; so beim Ring des Polykrates und Arion, denen die Herodoteischen Erzählungen vorangehen müssen.

Von der Lectüre in fremden Sprachen gilt, was für Geschichte und Deutsch bemerkt wurde: der Inhalt muß vorbereitet, für seine Anknüpfung gesorgt, Schwierigkeiten im Voraus beseitigt werden. Was das Sprachliche anbelangt, so sind auch hier die Mittel zum Verständniß im Voraus zurecht zu legen; an Formen und Wendungen, welche auf die neu auftretenden ein Licht zu werfen geeignet sind, vorweg zu erinnern; auch kann Schwierigkeiten im Verständniß vorgebaut werden. Dadurch wird einmal ein fließenderes Verständniß erzielt und zugleich das nachträgliche Durchgehen, welches das Interesse ungleich weniger anspannt, auf geringen Raum reducirt. ⁶²)

Jede Erklärung, die vorangeht, wird mit dem Bewußtsein, daß mit dem Gesagten etwas angefangen, daß es zur Verwendung kommen wird, aufgenommen und ist darum einer bessern Aufnahme sicher, als nachträgliche Noten und Corollarien.

Da die Lehren des Religionsunterrichtes, um tief zu dringen, aufs engste mit dem ganzen Gedankenkreise verschmelzen, um im Leben Wurzel zu schlagen, mit der eigenen Erfahrung des Zöglings in Verbindung gesetzt werden, um erleuchtend zu wirken, Mißverstand und Verwirrung beseitigen und fernhalten müssen, so wird unsere vielverknüpfende, vorarbeitende Behandlung bei ihm besonders an der Stelle sein. Die Katechese, auf die in diesem Gebiete so hoher Werth gelegt wird, ist nur die Erndte, das Ackern und die Saat ist die, Gedanken, Erinnerungen und Stimmungen anregende, Vorbesprechung: ohne sie bringt die Erndte nur zu oft taube Aehren.

Was thun die ehrwürdigen Parabeln des neuen Testamentes anders, als aus dem Leben, der eigenen Erfahrung der Hörer ein sinniges Bild herauszuheben, um Phantasie und Herz gleich anzuregen und für die Aufnahme der Lehre in rechte Verfassung zu setzen? Wer fürs Leben wirken will, knüpfe ans Leben an, wer sich der ganzen Seele versichern will, achte auf ihre verschlungenen Gebilde und entwirre erst die Fäden des Aufzugs, ehe er den Einschlag — die Lehre — heranbringt.

In der Geographie und Naturkunde wird die Vorbereitung eines Lehrabschnittes mehr der Repetition, als der Production Gelegenheit geben. Hier wird es darauf kommen, die Reihen, in die sich das Neue einordnen soll, zurückzurufen, im Voraus — und dies besonders bei der Naturkunde — die Punkte zu bezeichnen, auf die hauptsächlich geachtet werden soll, endlich das Selbstgesehene und -erfahrene heranzuziehen, um als Mittel zur Erfassung des Neuen zu dienen; einheimische Naturproducte zur Vorbereitung auf verwandte fremde, Erscheinungen der heimathlichen Landschaft zur Hinleitung auf solche der fernen.

So viel über Ausdehnung dieser Lehrweise in Rücksicht auf die Lehrfächer; auch in Bezug auf verschiedene Lehrstufen dürfen wir ihre Anwendung nicht beschränkt denken. Sie bewährt sich auf höheren Stufen so gut, als auf niedern. Bei der Interpretation von Gedichten, Lesestücken und beim geschichtlichen Vortrag auf höheren Stufen sind Vorbemerkungen, die theils erläutern und Mißverständnisse vorweg abschneiden, theils dadurch, daß sie der Erinnerung, Phantasie und Combination zu thun geben, anregend und stimmend wirken, von großem Werthe. Sie sollen nicht dem Neuauftretenden den Reiz des Neuen nehmen und die individuelle Auffassung des Gegenstandes hemmen, sondern denselben nur aus einer Gruppe von angeregten Gedanken sich herausheben und gleichsam neu erstehen lassen. Wer „die Glocke" von Schiller in dieser Weise behandelt, wird vor dem Eintritt in das Kunstwerk in sich und den Hörern die Gedanken und Stimmungen wiederzuerzeugen suchen, aus denen dies Werk herausgewachsen ist;

er wird die eigenthümliche Poesie, die um den ehernen Mahner auf der Thurmeshöhe schwebt, zum Bewußtsein zu bringen haben, der Glockensagen und -märchen gedenken, die in Volksmund leben, die Lebensereignisse, die der Glocke Ton begleitet, vorführen; aber auch das reinsachliche des Glockengusses wird er zur Anschauung bringen; endlich der Eindrücke und Stimmungen gedenken, unter denen der Dichter schuf, und dabei so gut von seinen gedankenreichen Spaziergängen nach der Rudolstädter Glockengießerei, als von den Wirkungen erzählen, welche die französische Revolution auf den Geist des Dichters ausübte, und so wird er Einblick in die Werkstätte des Dichters gewähren, an dessen Schöpfung wir dann erst in der rechten Verfassung herantreten.

Eine richtige analytische Vorbesprechung giebt das Bild einer reichen Mannigfaltigkeit, die ihrer Einheit zueilt; von den verschiedensten Seiten regt und stört sie die Gedanken auf, vereinigt und trennt sie zu ihrem Zweck und macht sie zu Trägern des Gedankeninhalts geschickt, der übermittelt werden soll und der sich wie eine zusammenschließende Kuppel darüber wölbt. —

Wir enthalten uns weiterer Proben und kehren zurück zu dem Ausspruch, dessen allseitige Erläuterung wir uns vorgenommen haben.

Die beiden letzten vollwichtigen Forderungen unseres Ausspruches sind, daß man den Zögling „beständig aus einer Scienz in die andere hinübersehen lasse" und ihn lehre, „sich ebenso leicht von dem Besondern zu dem Allgemeinen zu erheben, als von dem Allgemeinen zu dem Besondern sich wieder herabzulassen."

Diese letztere mag uns zunächst beschäftigen, der andern werden wir unsere ganze letzte Betrachtung widmen.

Nicht wenig, könnte man meinen, wird dem Lessing'schen Knaben zugemuthet, nicht weniger als logische Uebungen, die wohl auf den höheren Stufen, aber nicht auf den niederen ihre Berechtigung zu haben scheinen. Nun daran ist nur der abstracte Ausdruck schuld. Wenn ein Knabe in einem lateinischen Lesestücke eine Regel, die er weiß, herauserkennt und ihrer denkt, so erhebt er sich vom Besondern zum Allgemeinen, denn er sieht von den bestimmten Worten und Wendungen ab und erblickt in ihnen das Allgemeine, die Regel. Und wenn er eine Regel in seinem Scriptum richtig anwendet, so läßt er sich vom Allgemeinen zum Besondern herab, denn, absehend von dem weiten allgemeinen Gebiete der Regel, formt er einen bestimmten, besondern Fall nach ihr. Ebenso macht es ein Knabe, der eine gefundene Pflanze, einen Schmetterling oder Käfer bestimmt, d. h. unter eine Gattung bringt, indem er von zufälligen Eigenschaften der Individuen absieht, und der ein andermal auszieht, um eine bestimmte Pflanzen- oder Thiergattung aufzusuchen; von der Vorstellung der Gattung wird er, wenn er Exemplare findet, sich zum Besondern herablassen.

So veranlaßt der Unterricht in verschiedenen Fächern solche logischen Uebungen, ob aber immer die logische Uebung herauskommt, die Lessing verlangt, kann fraglich sein.

Wer diese Uebung hat, besitzt eine doppelte Fertigkeit: einmal, wenn ihm ein Gegenstand vorliegt, ohne Mühe aus ihm das herauszuerkennen, was er mit andern gemein hat und nicht an dem haften zu bleiben, was er Besonderes für sich hat, sondern, wie man wohl sagt: ihn im Kopf unterzubringen; und zum zweiten, wenn er einen allgemeinen Satz oder Ausspruch hört, schnell an einen oder mehrere Fälle zu denken, in denen er Statt hat, oder, wie man gewöhnlich schlechtweg sagt: sich dabei etwas zu denken.

Was hat der Unterricht zu thun, um diese Fertigkeiten zu erzeugen? Jedenfalls Uebungen dazu an dem verschiedensten Stoffe vorzunehmen, denn jene Fertigkeiten verlangen Vielseitigkeit.

Gehen wir von der Sprachlehre aus. Unser Beispiel zeigte, wie hier die logischen Operationen gewöhnlich angewendet werden. Aber noch wirksamer und bildender lassen sie sich anwenden, wenn man eine Aenderung anbringt. Das Absteigen von dem Allgemeinen, der Regel, zum einzelnen Fall, läßt sich anders nicht bewerkstelligen, als indem man die erkannte Regel anwenden läßt; wohl aber ist der umgekehrte Weg einer Verbesserung fähig; wenn man die Regel nicht bloß wiedererkennen läßt, sondern sie aus besondern Fällen überhaupt erst entstehen läßt, also nicht bloß den Uebergang vom gegebenen Concreten zum bekannten Abstracten übt, sondern zum unbekannten Abstracten. Dies geschieht, wenn man nicht von Regeln ausgeht, sondern von Worten und Sätzen, die aber so ausgewählt und geordnet sind, daß die Regel aus ihnen gleichsam herausspringt und der Zögling selbst sie in der allgemeinen, abstracten Form aussprechen kann.

„Keine Reguln soll man geben, ehe man die Materie, den Autoren und Sprach gegeben hat ... Es muß aus der Materie vorhin ein Entwurf im Verstand gefasset sein, ehe die Reguln dazu kommen ... Alles durch Erfahrung und stückliche Untersuchung." Der treffliche Ratich, von dem diese Vorschriften stammen, könnte noch heut nach 250 Jahren Arbeit finden.

Auch in der Naturkunde ist die Uebung, die Gattung oder Art in einem Einzelnen wiederzuerkennen, erst zweiten Ranges; ersten Ranges die, von vielen Einzelnen zum Begriff der Art, von den Arten zu dem der Gattung überhaupt erst zu gelangen. Wer die Classen der Thiere, Pflanzen, Mineralien vorweg lernen läßt und sich mit Einordnen des Einzelnen unter dieselben begnügt, verzichtet auf die geistige Operation, welche das Studium der Natur begründet und groß gemacht hat und die im Zögling gleicherweise die Sinne als das Begriffsvermögen zu bilden angethan ist, auf die Induction.

In den beiden genannten Disciplinen wollen wir also den logischen Operationen, die bei jeder Unterrichtsform in ihnen Anwendung finden, nur eine größere Ausdehnung geben, indem wir nicht das Auf- und Absteigen vom Besondern zum Allgemeinen und umgekehrt, sondern die Bildung des Allgemeinen — der Regel, des Gattungsbegriffes — dem Unterricht zur Aufgabe machen. Ein Gleiches gilt von einem scheinbar sehr disparaten Gegenstande: von der Bildung des Urtheils über Recht und Unrecht, Gut und Böse. Wo Gelegenheit zu dieser Bildung gegeben ist, haben wir bei der Behandlung der erzählenden Stoffe aufgezeigt, die wir eine umfassende Wirkung auf die Seele ausüben lassen wollten. Der in der Erzählung vorliegende Fall, der ein billigendes oder verwerfendes Urtheil hervorruft, ist hier der Einzelne; das Allgemeine ist das Urtheil, sofern es von jeder Besonderheit absieht und alle verwandten Fälle gleicher Weise umfaßt.

Auch die Bildung des sittlichen Sinnes muß vom Einzelnen anheben, um zum Allgemeinen fortzugehen. Die Frische und ursprüngliche Kraft, mit der die Jugend einen einzelnen Fall ethisch beurtheilt, läßt sich nur so dem allgemeinen Urtheil und der aus ihm erwachsenden Maxime mittheilen; auch so nur läßt sich erreichen, daß beim Vorkommen eines allgemeinen Satzes der Sitten- oder Religionslehre sich schnell die Erinnerung an bestimmte Fälle, an lebensvolles Einzelnes einstellt, und daß sie so in Kopf und Herz empfänglichen Boden finden.

So werden wir auch der **Geschichte** nicht erlassen, das allgemein Menschliche heraustreten zu lassen aus der Besonderheit des Volksthums, um die Gewöhnung zu begründen, durch das Kostüm und die besondere Sitte hindurch zu dem Kern des Menschlichen durchzubringen. Darum legen wir hohen Werth auf das Parallelisiren von geschichtlichen Stoffen, die, wenn schon verschieden nach Ort, Lebensform und Menschensitte, doch im Sinne einander verwandt sind. Ritterthum und Heroenthum treffen sich im Cultus der Kraft und des Muthes; die gestrafte Ueberhebung leuchtet aus Dareios' Skythenzug so gut wie aus Napoleons russischer Expedition hervor; der heldenmüthige Kampf pro aris et focis ist derselbe, ob ihn die Sachsenkönige Heinrich und Otto fechten gegen die Magyaren, oder Karl der Hammer gegen die Araber, oder Leonidas gegen die Fluthen des Barbarenheeres. Der unerschrockene Seemannsmuth und die ungebeugte Ausdauer lebt in Odysseus wie Columbus, mag jener auch nur Mären heimbringen, „wie sie am meisten der Menschen Ohr ergötzen," dieser eine neue Welt. Als **Typus** des patriarchalischen Herrschers muß der würdige Abraham, der väterlich-milde Odysseus festgehalten werden; als Typus des selbstlosen, treuen Bürgers und Staatsmanns Aristeides der Gerechte, des genialen Eroberers Alexander der Große, und vielfach muß, wenn verwandte Züge auftreten, an jene erinnert werden.

Wir verlangen damit mehr, als gelegentliche Vergleichung, wir verlangen fortgesetzte Uebung des Blickes im Verschiedenen das Gleiche, im Individuum den Vertreter der Art, der Richtung des geschichtlichen Schaffens zu sehen; und wir verlangen damit nicht etwas, was über den Kreis der Schule hinausgeht, denn nicht durch hochtrabende Redensarten, sondern durch wirksame Zusammenstellung jener Bilder der Geschichte soll hingeleitet werden auf Erfassung dessen, was übergreift über das Einzelne. ⁶³)

Auch hier verlangen wir Zusammenführen der Vorstellungen und Vergleichung ihres Inhalts, wie vorhin bei der analytischen Vorbereitung; aber in anderm Sinne hier als dort. Dort galt es, dem Neuen eine Stätte zu gründen unter dem Alten, das Auftretende zu beleuchten und zu erklären durch das Bekannte; hier gilt es, aus Neuem und Altem zugleich das Gemeinsame herauszugreifen: sei es nun eine grammatische Regel, sei es ein Naturgegenstände einigender Gattungsbegriff, sei es eine allgemeine sittliche Lehre, sei es ein geschichtlicher Typus; dort galt es, die Fäden der Vorstellungen im Voraus zu ordnen und zusammenzuführen zur Anknüpfung des Neuen; hier gilt es, Querfäden zu legen von einem Einzelnen zum Andern, an denen entlang laufend wir den Gattungsbegriff erzeugen.

Daß diese Operation n a ch dem Auftreten des neuen Lehrstoffes, in manchen Fällen nur, wenn er in größern Gruppen sich angesammelt hat, vorzunehmen ist, liegt auf der Hand. Wie die Vorbesprechung der Vorbereitung des Gedankenkreises dient, so dient diese Nachbesprechung seiner Durcharbeitung; erstrebt jene die Bildung von reichen Associationen, so geht diese auf Begriffsbildung aus; löst jene die verwendbaren Vorstellungen aus ihren Verbindungen heraus und geht so a n a l y t i s ch vor, so faßt diese zusammen, um das Allgemeine heraustreten zu lassen, ist s y n t h e t i s ch.

Aber wie jene, dient auch sie der Repetition und der Production in gleichem Maaße, denn auch sie gedenkt des Früheren und lockt, Begriffe bildend, Gedanken hervor.

Und nun müssen wir einer Frucht dieser vereinten analytischen und synthetischen Uebungen gedenken, die sich freilich erst einstellt, wenn jene consequent von Anfang des Unterrichts an betrieben werden; diese Frucht ist der d e u t s ch e A u f s a tz.

Die Aufgabe des deutschen Aufsatzes, Stoffe aus verschiedenen Disciplinen zu behandeln und so zum Bindeglied und Mittel zu werden, „von einer Scienz in die andere hinüber zu sehen," werden wir später würdigen. Hier beschäftigt er uns, insofern er die Durcharbeitung des Gedankenkreises, wie sie durch die bezeichneten Uebungen ins Werk gesetzt wird, fortführt und vervollständigt.

„Warum können junge Leute keinen guten schriftlichen Aufsatz machen?" frägt ein Pädagog⁶⁴) und antwortet: „Weil sie stets nur vorgeschriebene Reihen auswendig lernten, oder nach vorgezeichneter Form dieselben verknüpften oder darin einschalteten. Nun sollen sie die Vorstellungen steigen lassen. Aber welche? Allgemeine Begriffe oder historische Gegenstände. Aber sie kleben am Einzelnen und am Gegenwärtigen. Wollen sie darüber hinaus, so haben sie keine ablaufenden Reihen oder dieselben gerathen ins Stocken."

Man hat den deutschen Aufsatz als eine der höchsten Leistungen der Schulbildung bezeichnet und mit Recht, vorausgesetzt, daß man ihm den Vortrag, dem Schreibenkönnen das Redenkönnen an die Seite setzt. Aber die alte Eintheilung von producirendem Aufsatz und reproducirendem verlegt den Weg zu diesem Ziele. Vom Vorgeschriebenen, Vorgezeichneten führt kein Weg ins Freie; der Aufflug vom Einzelnen und Gegenwärtigen ins Allgemeine und Vergangene vollzieht sich nicht auf einer bestimmten Stufe, geistige Regsamkeit springt nicht wie eine Minerva aus dem Haupte. Schon auf den untern Stufen muß den Vorstellungen Beweglichkeit und Neigung zu Combination und Verschmelzung, Fähigkeit sich zu Begriffen zu läutern, gegeben werden. Und so muß auch auf der niederen Stufe, wo die Anlehnung an einen bestimmten Stoff unvermeidlich ist, doch das Produciren in Wort und Schrift seine Pflege finden. Das freie Aussprechen bei einer analytischen Vorbereitung ist gerade so gut Pflanzstätte des deutschen Aufsatzes, als spätere schriftliche Paraphrasen und andere directe Uebungen für den Styl.

Wenn man die Ergebnisse analytisch-synthetischer Besprechungen zusammenfassen und niederschreiben läßt, so ist damit zur freien Arbeit schon ein Grund gelegt, denn es sind zwar vorgeschriebene Gedankenreihen, die reproducirt werden, aber sie wurden unter Mitwirkung der Schüler hergestellt und der eine und der andere hat einen Gedanken dazu geliefert. So bereitet diese gemeinschaftliche Conception der späteren concipirenden Thätigkeit des Einzelnen den Boden. —

Wir haben versucht, die Vorschriften über die Verbindung des Lehrstoffes unter sich, mit Rücksicht auf die übrigen Gesetze des erziehenden Unterrichts, darzulegen; sehen wir zum Schluß zu, wie sich ein System gestaltet, das mit Einseitigkeit diese Vorschriften verfolgt und uns Bestätigung und Warnung zugleich geben mag.

Wenn ein pädagogisches System sich einseitig auf die Bearbeitung einzelner berechtigter Gedanken wirft und sie mit Hintansetzung anderer zum Leitstern wählt, so würden wir ihm anzuhängen nicht versucht sein, aber immerhin mit Erfolg die Specialitäten, die es bevorzugt, an ihm studiren können, grade wie der Naturforscher ein Gesetz an solchen Erscheinungen erfolgreich studirt, in denen vorwiegend Wirksamkeit ist. Darum mag ein Wort über das System, dessen Hauptaugenmerk die unausgesetzte Verknüpfung der Vorstellungen und das frühe Anhalten zur Production ist, unsere Betrachtung beschließen und uns zugleich vor dem „Zuviel" warnen, das die Folge der einseitigen Berücksichtigung dieser Bestrebung ist.

Es ist ein viel vergöttertes und viel verketzertes System, das wir meinen, die ganze Tonleiter der Prädicate vom Genie an bis zum Marktschreier herunter ist seinem Schöpfer gespendet worden, und allerdings berühren sich in ihm Weisheit und Thorheit, praktischer Scharfsinn und bombastische Orakelei in eigenthümlicher Weise, es ist das Enseignement universel von Jean Jacotot.

Sätze, wie: Alle Menschen haben gleiche Intelligenz; man kann, was man einmal will; man kann etwas lehren, was man nicht versteht — sind leicht belacht; werthvoller und interessanter wäre es, ihrem Ursprunge nachzugehen; dann sähe man, daß ihre Fährte in die französische Philosophie weist und bei Condillac's psychologischer Statue verschwindet.

Uebertreibung bei richtigem Grundgedanken liegt in den Sätzen: Habet ein Buch und beziehet alle andern darauf, und: Alles ist in Allem. So sehr wir dafür eintreten, dem Unterricht an bedeutenden Stoffen Centra zu geben und allen Anregungen nachzugehen, welche diese Stoffe bringen, so müssen wir in dem Jacotot'schen Telemachcultus und in dem Herauslocken der Lehren aller menschlichen Weisheit aus seinem Texte eine Verirrung erblicken.

Doch ungleich näher der Wahrheit kommen Sätze wie: Lerne etwas und beziehe alles andere darauf; es genügt nicht, um etwas zu behalten, dasselbe hundertmal zu wiederholen, sondern man muß Ideen, die man wiederfinden will, unter einander verbinden. Auch den Satz: Setzet Vertrauen auf den Verstand des Zöglings, aber seinem Gedächtnisse könnt ihr nie genug mißtrauen, möchten wir uns aneignen, wenn er gedeutet werden kann: Sorgt unausgesetzt dafür, dem Schüler seinen Wissensstoff präsent zu halten, dann scheuet euch aber nicht, Gedanken von ihm zu fordern.

Zwei Stellen aus der Langue maternelle mögen noch folgen: „Ich wiederhole unaufhörlich, was ich gelernt habe; ich fürchte immer, es zu vergessen: dies die Grundlage des ganzen Gebäudes, das Ziel des Vergleichens, auf welches ich Alles beziehe. In meinem Kopfe bilden sich unaufhörlich Gedankenverbindungen; allein ihre Zahl kann ihre Klarheit nicht beeinträchtigen; die Ordnung, welche in Allem herrscht, was ich gewann, erlaubt mir nicht, es unter sich zu verwirren." „Sammelt unablässig! Dann bildet sich ein inniger Zusammenhang zwischen euern Ideen; sie unterstützen sich gegenseitig, entwickeln, erläutern sich eine durch die andere."

Jacotots Methode hat drei Hauptstücke; das erste besteht darin, daß der Schüler den Lehrstoff dem Gedächtniß einpräge: mnemonischer Theil; das zweite, daß er über das Gelernte nachdenke, es zerlege und alle Beziehungen zwischen seinen Theilen oder Elementen aufsuche: analytischer Theil; das dritte, daß er den Stoff, welchen er durch diese Arbeit erworben, in mannigfaltigen Ausarbeitungen (Entwickelungen, Nachbildungen, Parabeln, Schilderungen, Reflexionen, Improvisationen) anwende: synthetischer Theil. [65])

Daß diese Vorschriften von psychologischem Blick zeugen, ist ganz unleugbar. Aber es ist die französische Psychologie des vorigen Jahrhunderts, die zu Grunde gelegt wird. Wie wenig

Jacotot auf Begriffsbildung aus ist, zeigt seine „analytische" Sprachmethode, in der ein Text zu Grunde gelegt und Wort für Wort erklärt wird, ohne Ueberführung der sprachlichen Erscheinungen in Regeln, ohne Erhebung vom Einzelnen ins Allgemeine. Aber auch jene Beziehungen, die in dem Lehrstoff gestiftet werden sollen, sind oberflächlicher Art, das beweisen die Aufsätze, die er mit Bezug auf den Lehrstoff fertigen ließ und die, bei der bewundernswürdigsten stylistischen Gewandtheit, doch mehr zur Beherrschung des Wortes und der Phrase, als zu der des Wissensstoffes führten und mehr dem rhethorischen Prunk, als der Durcharbeitung des Gedankenkreises dienten.

Geht vielleicht der geistvolle Mager zu weit, wenn er in Jacotot einen Grund- und Eckstein der neuern Pädagogik erblickt,[66]) so muß doch bei einer Betrachtung über die Erhöhung des geistigen Lebens durch den Unterricht, dieses eigenthümlichen Geistes mit Ehren gedacht werden, denn es geht durch seine Ideen das Streben, die Selbstthätigkeit im Schüler zu erregen und festzuhalten und durch stetes Zusammenhalten und Vergleichen und Operiren mit dem Wissensstoff das Wissen zum wahren geistigen Besitze zu machen.

VI. Ueber die Verbindung der Lehrfächer untereinander.

Wir haben für unsere Betrachtung über die wechselseitige Verbindung der Lehrfächer im erziehenden Unterricht an der Forderung Lessings, man solle den Knaben „beständig aus einer Scienz in die andere hinübersehen lassen" einen Wegweiser.

Es ist nicht zu viel gesagt, wenn wir diese Andeutung einen Wegweiser nennen, denn sie führt sicher und gut durch eine Gegend, wo rechts und links Irrthum und Mißverständniß sich gelagert hat: es ist die vielbesprochene Frage der Concentration des Unterrichts, vor welcher wir stehen.

Soll dem Unterrichte eine compactere und darum tiefer wirkende Form gegeben werden dadurch, daß man einem Zweige die andern unterordnet? Sollen die classischen Studien das Centrum sein für den gelehrten, die Realien für den Unterricht allgemeiner Bildung, die Religion oder sonst etwas für die Volksbildung? Soll das Lesebuch auf den niedern Stufen das einigende Band sein für den Unterricht in Geschichte und Natur? Soll der Anschauungsunterricht, die Heimathskunde der Mittelpunkt sein, um den sich concentrisch-erweiterte Kreise schließen?[67])

Man muß den Schüler aus einer Scienz in die andere hinübersehen lassen, sagen wir. Nicht darf man die Scientien, will sagen Lehrfächer, auf einander reduciren, eines um der andern willen verkürzen, aber man muß die Stellen aufsuchen, wo sie sich berühren und dem Stoffe deren thunlichst viele abgewinnen.

Die Pädagogik muß die Fugen kennen, in denen sich das menschliche Wissen berührt; denn sie ist nicht nur für den Stoff, sondern auch für seine Fügung verantwortlich. Sie soll bei dem berechtigten Streben nach Vielseitigkeit stets Sorge tragen, daß darunter die Persönlichkeit des Zöglings nicht leide; und die Persönlichkeit beruht auf Einheit des Bewußtseins, die gestört wird, wenn der Geist durch zusammenhangsloses Allerlei getrieben wird und sich unverbundene Vorstellungsmassen neben einander in ihm lagern.

Ehe wir nun über die Art der Verbindung der Lehrfächer uns verbreiten, wollen wir zusehen, welches und welcher Art sie sind. Wir könnten dazu einfach nach dem Lehrplan einer leidlichen Schule greifen und die Lehrfächer darin aufsuchen; denn wir sind nicht gewillt, andere als die gewöhnlichen aufzuführen. Aber da es uns hier auf den Zusammenhang der einzelnen ankommt, müssen wir es uns nicht verdrießen lassen, die verschiedenen Fächer von einem Gesichtspunkte aus zu bestimmen und abzuleiten.

Die geistige Thätigkeit, die der Unterricht im Zögling erhöhen soll, empfängt neben dem Unterricht und empfing vor seinem Eintritt Nahrung aus einer doppelten Quelle: aus der eigenen Erfahrung des Zöglings und dem Umgange, den er pflegt mit Aeltern, Gespielen u. s. w.*) Erstere bezieht sich auf das Gebiet der Natur, letzterer auf das des Lebens. Weiß der Unterricht diese beiden Quellen zu würdigen, so wird er seine verschiedenen Lehren und Antriebe von vornherein mit ihnen zu vereinigen streben, und demnach ebenfalls zwei Hauptrichtungen einschlagen. Er wird dem wirklichen Umgange des Zöglings einen idealen Umgang an die Seite setzen mit Menschen der Dichtung und Geschichte; er wird die Theilnahme, den Sinn für die Güter der Menschheit, und die fromme Achtung vor dem Lenker ihrer Schicksale, zu welchem allen der Umgang den ersten Keim legte, durch Lehre weiter entwickeln. Er wird auf der andern Seite die eigene Erfahrung des Zöglings im Gebiete der Natur, durch Anleitung zur Beobachtung bereichern, durch Schilderung, Erzählung erweitern und sie nach ihrer formalen Seite (Gestalt und Zahl) hin bearbeiten.

Es führen noch andere Wege zu dieser selben Zweitheilung des Unterrichts, die in der Natur der Sache begründet ist. So wird man auf jene Hauptäste des Unterrichts auch geleitet, wenn man die Verschiedenartigkeit der Begabung ins Auge faßt. Es sind zwei große Arten von Beanlagung, nach welcher sich die Köpfe theilen: die eine besteht in einem ausgesprochenen Beobachtungssinn und weist ihren Eigner auf die Dinge und ihre Betrachtung und Handhabung hin; die andere läßt das Reflectiren mehr hervortreten und läßt ihre Träger vorwiegend in Reproduction von Gedanken seine Freude finden, mehr auf die Menschen achten und das was sie über Dinge gesagt haben, als auf diese selber. Bei einseitiger Ausbildung werden aus der ersten Art jene unhistorischen Köpfe, die kein Organ besitzen für das geschichtliche Gewordensein, und frühere Perioden gern an den Fortschritten der Gegenwart messen und verurtheilen; aus der zweiten, die der Natur entfremdeten Büchergelehrten, denen das Wort über der Sache steht, die nicht recht zur Gegenwart kommen, weil sie sich in der Vergangenheit angesiedelt.

Schon die Beobachtung dieser Einseitigkeiten genügt, um zwei Hauptäste des Unterrichts erkennen zu lassen und der gleichen Sorgfalt und Pflege zu versichern.

Es ist ferner der bekannte Gegensatz von Realien und Humanioren, der ebenfalls in unserer Distinction ausgedrückt ist.[69]) Doch wird manche Einseitigkeit vermieden, manches besser gefaßt werden können, wenn wir diese bekanntere Distinction beiseitlassend, den Begriffen der Erfahrung und des Umgangs weiter nachgehen.

Der tiefere pädagogische Werth des Umgangs liegt darin, daß er Gesinnungen begründet; dasselbe Ziel fällt dem aus ihm hervorwachsenden Aste des Unterrichts zu, in dem wir nach dem vorhin Gesagten bereits den Religions- und Geschichtsunterricht herauserkennen werden. Gesinnungsunterricht mag er nach seinem Ziele, Unterricht im Menschenthum nach dem Stoffe heißen. Soll er idealen Umgang begründen mit

Menschen entlegener Zeit, so muß er ihr Leben und Schaffen nahe rücken, die Eigenart der Völker, welchen sie angehören, zum Bewußtsein bringen, indem er ihre Lebensformen, Anschauungsweise und Schöpfungen aufweist. Er wird es am nachdrücklichsten thun, wenn er ihre eigenartigste, bezeichnendste Schöpfung, die S p r a c h e, zugleich zum Lehrgegenstand machen kann.

Sprachen sind nicht Handwerkszeuge im Unterricht. Sie legen nicht unvermeidliche Arbeiten auf, die man eben auf sich nehmen muß, da es nun verschiedene Zungen gegeben hat. Sprache ist nicht Schale, sondern Kern. Sprachlehre ist ein Zweig des Unterrichts im Menschenthum und darum ein Zweig des Gesinnungsunterrichtes, weil das Was und das Wie dessen, was in einer Sprache gesagt worden, in menschliche Weltauffassung und Gesinnung Einblick gewährt. Unser sprachgewaltiger Rückert mag uns das bestätigen: die Sprache

> ist die Sache selbst im weitsten Wirkungskreise,
> Der Aufschluß über Geist und Menschendenkungsweise.
> In jeder räumlichen und zeitlichen Entfernung
> Den Menschen zu verstehn dient seiner Sprach' Erlernung...
> Mit jeder Sprache mehr, die Du erlernst, befreist
> Du einen bis dahin in Dir gebundenen Geist.

Es ist dies die eine Seite des Sprachstudiums: Sprachverständniß zum Zweck des Menschenverständnisses; die andere ist die Handhabung der Sprache, das fari posse.[70]) Die Production, die darauf beruht, haben wir früher gewürdigt. Immerhin ist es ein künstlerisches Ziel, dem hier die Schule zuzustreben hat: die Fertigkeit, den sprachlichen Ausdruck zum Dollmetscher des Gedankens, des Innern zu machen.

Es ist noch ein anderer Zweig, der auch aus dem Gesinnungsunterricht sproßt und der ebenfalls nach der Seite der Kunst sich hinüberstreckt: die Pflege der Tonkunst, im Besondern des Gesanges. Auch sie soll dem Innern ein Organ geben, sich zu äußern und dadurch das Innere läutern und vertiefen. Soll, wie es meist der Fall ist, der Gesangunterricht kein verlorner Posten sein, so muß er mit dem Gesinnungsunterricht in enger Verbindung erhalten, müssen die Lieder ihrem Inhalt nach in den Ge-

dankenkreis aufgenommen und verarbeitet und auch ihrer Stimmu[ng]
nach zum lebendigen Verständnisse gebracht werden.

So hätten wir also als Zweige des ersten Stammes: Religion[s-]
lehre, Geschichtsunterricht im weitesten Sinne, d. i. einschließ[lich]
der Erzählungen, die vor dem eigentlichen Geschichtsunterricht v[or]
ausgehen, Unterricht in Sprache, als Aeußerung eines bestimmt[en]
Volksgeistes, Unterricht in Sprache als Organ des Gedanke[ns,]
Unterricht im Gesang als Organ des Gefühles.

Ein Bindeglied von Menschen- und Weltkunde, Gesinnun[gs-]
und Natur-Unterricht bildet die Geographie, die als cult[ur-]
geschichtliche der ersten Gruppe, als physische und mathemati[sche]
der zweiten angehört.

Diese zweite umfaßt nun zum ersten die verschiedenen D[is-]
ciplinen der Naturbetrachtung, die Naturgeschichte [und]
Naturlehre, und zum andern die Mathematik, als die f[or-]
male Seite der Naturwissenschaft. Auch ihr sind Fertigkei[ten]
beigeordnet; der Mathematik das Zeichnen, der Naturkunde [und]
-lehre technische Uebungen, sowie die allgemeine körperl[iche]
Ausbildung, die in der Beherrschung der Natur ihr Ziel hat.

Diese Auffassung der „Scientien" des Unterrichts wird
uns erleichtern, die verbindenden Momente aufzusuchen.

Die Einheit des Subjects, die nicht leiden soll unter [der]
Vielheit, welche die geistige Thätigkeit verflachen könnte durch
Zersplitterung, ist unsere Schutzbefohlene. Wir werden zei[gen]
können, daß die Pflege derselben nicht so schwer ist, wenn [man]
nur die Einheit des Objectes festhält. Die Vielheit [der]
Wissenschaften verliert ihr Zerstreuendes, wenn man inne w[ird,]
daß es vielfach dieselben Gegenstände sind, die sie behan[deln,]
wenn schon von andern Gesichtspunkten aus. Wird nur [die]
Identität der Gegenstände, die in verschiedenen Disciplinen [auf-]
treten, festgehalten, so ist schon ein werthvoller Anfang zur [Ver-]
bindung der „Scientien" gemacht.

Ihre strengere Sonderung wird überhaupt erst bei einer [ge-]
wissen Reife der Auffassung eintreten dürfen. Für die Kle[inen]
ist der Naturunterricht nur einer, ohne Scheidung seiner Fä[cher,]
auch Zeichnen und Rechnen muß gleichsam unvermerkt aus

hervorwachsen; nicht anders beim Gesinnungsunterricht. Bürgt doch für Vermeiden eines frühen Zerfalls der Disciplinen schon das Streben, die Umgebung der Kinder, ihre eigene Erfahrung stets zum Ausgangspunkte zu machen. Nun es ist ja dieselbe Schultafel, deren Gestalt betrachtet, deren Größe gemessen, deren Holz untersucht wird, deren Gestalt vielleicht den Plan der Stadt oder Gegend darstellen muß; es ist ja derselbe Wald, dessen Bäume genannt und betrachtet werden, dessen Lage auf der Heimathskarte angegeben und eingezeichnet wird, der zugleich im Liede wiederkehrt, der der Phantasie den Aufflug in die Ferne giebt, in der die Erzählung spielt.

Je niedriger die Altersstufe, um so mehr gilt dem Unterricht die Umgebung, die nächsten Objecte, um so leichter ist die Gefahr der Zersplitterung zu vermeiden, die freilich hier auch ungleich schädlicher wirken würde.

Wenn man sagt, der erste Unterricht müsse das allmähliche Wachsthum der Wissenschaft nachahmen und das Kind müsse ähnliche Pfade geführt werden, wie sie die Menschheit in ihrer Kinderzeit betreten, so liegt darin gewiß das Richtige, daß der Kinderunterricht mit der kindlich-anhebenden Wissenschaft gemeinsam haben müsse die naive Betrachtung der Dinge, die noch fern ist, sie im Zusammenhange verschiedener Systeme aufzufassen und das ganz allmähliche Ausbilden von Betrachtungsweisen, die später die verschiedenen Disciplinen charakterisiren werden. Ungeschieden lagen in dem Wissen der ersten griechischen Philosophen die Anfänge aller Wissenschaft; daß sie mit diesem und jenem Gedanken das Gebiet der Astronomie, mit anderen das der Physik, der Mathematik, der Geographie betraten, ahnten sie natürlich nicht; Dinge verschiedener Art reizten ihr Nachdenken an; ihre Erfahrung war immer der Ausgangspunkt und zu ihr kehrten die Betrachtungen stets wieder zurück. Etwas Aehnliches soll der Unterricht haben: was auf der Bahn des jugendlichen Fragens und Forschens liegt, soll er zu seinem Gegenstand machen, unbekümmert um das Fachwerk der Disciplinen, deren Grundrisse späterhin von selbst aus dem erweiterten Wissen sich erheben werden.

Doch wir wenden uns den Stufen zu, wo dies geschehen ist und die „Scientien" auf dem Stundenplan bereits säuberlich neben einander stehen.

In welcher Art können Verbindungen zwischen den beiden Hauptästen des Unterrichts, in welcher Verbindungen zwischen ihren Zweigen hergestellt werden?

Wir nannten bereits die Disciplin, welche ihrer Natur nach besonders geeignet ist, Menschenkunde und Naturkunde zu vereinigen: die **Geographie**. Herbart sagt in seinem Umriß pädagogischer Vorlesungen:[71] „Die Geographie ist eine associirende Wissenschaft und soll die Gelegenheit nützen Verbindung unter mancherlei Kenntnissen, die nicht vereinzelt stehen dürfen, zu stiften. Nicht erst ihr **mathematischer Theil**, der in der populären Astronomie seine Ergänzung und sein Interesse findet, stiftet eine Verbindung zwischen Mathematik und Geschichte: sondern schon in ihren Elementen kann sie sich an die **Anschauungsübungen** lehnen.... Die **physische Geographie** setzt theils Naturkenntnisse voraus, theils giebt sie Anlaß dieselben zu bereichern. Die **politische Geographie** bezeichnet die Art, wie der Mensch die Oberfläche der Erde bewohnt und benutzt. Dies Alles zu verknüpfen, ist die pädagogische Bestimmung des geographischen Unterrichts."

Die Anwendung der Mathematik kann im geographischen Unterricht, zu dessen größtem Vortheile, eine weitere Ausdehnung finden, als es gewöhnlich geschieht. Das Aufsuchen von Dreiecken auf der Karte, das Vergleichen und Schätzen von Distanzen, von Flächenräumen, sind mathematische Uebungen, die der Einprägung des Kartenbildes außerordentlich zu Statten kommen und vieler Gedächtnißarbeit überheben. Es genügt dann, einige wenige Distanzen, den Flächenraum eines und des andern Landes lernen zu lassen, die als Maaß zur Abschätzung anderer Distanzen und Räume im Kopfe bereit liegen mögen. Das Kartenzeichnen hat mit der vereinfachten Gestalt der Erdtheile und Länder zu beginnen; es giebt, da dabei der Maaßstab vielfach gewechselt wird, eine treffliche Vorbereitung für die Lehre von der Aehnlichkeit der Figuren und darum für die von den Proportionen. Die mathematische Geographie nimmt ein Stück Kreislehre und Stereometrie vorweg und giebt schon früh eine Ahnung von der Bedeutung der mathematischen Exactheit. Ueberhaupt kann der geographische Lehrer sehr viel thun, den mathematischen Sinn zu bilden durch den Hinweis auf die Fruchtbarkeit und Tragweite der mathematischen Abstraction, welche die Erde mit ihren Netzen umspinnt und den Himmelsraum überbrückt. Es giebt ganz gute Köpfe, die sich in die Mathematik nicht finden wollen, weil sie ihren Weg durch Abstractionen nimmt und sich darum zunächst von der Wirklichkeit entfernt. Sie sind zu gewinnen, wenn man sie darauf hinführt, daß dieses Entfernen nur ein vorläufiges ist und daß jene Abstractionen in Wahrheit das Knochengerüst der Wirklichkeit bilden, und dazu giebt die Geographie die besten Veranlassungen.

Den Gegenständen der Naturgeschichte weist die Geographie ihre Fundorte an und sie hat das schöne Vorrecht, das einzelne Naturproduct aufzufassen als ein Stück des Lebens auf der Erdoberfläche oder als ein Stück dieser selbst — denn der richtige Stützpunkt der Mineralogie ist die Geognosie. Der geographische Lehrer wird die Naturkenntnisse der Schüler oft revidiren, neu verknüpfen und selbst erweitern müssen. Das landschaftliche Element wird hervortreten können, sobald ein genügendes Detail erworben worden. Aus der Naturlehre, besonders der Physik wird manches vorweg zu nehmen, manche Thatsache für die spätere Erklärung festzustellen sein. Der geographische Unterricht hat die ersten Wärmebeobachtungen einzuführen, denn die Besprechung des Unterschiedes der Klimate weist ihn darauf hin; darum wird er auch das Thermometer zu erklären haben, lange bevor die Physik darauf zu sprechen kommt. Das gleiche gilt vom Barometer, vom Compaß, vom Chronometer. Vom Gewitter, von der Wirkung des Feuers und Wassers wird er nicht minder zu reden haben und treffliche Vorarbeiten für den künftigen physikalischen Unterricht liefern können.

Nur kommt es hier darauf an, nicht zu viel zu sagen, abzubrechen zur rechten Zeit und getrost das Wundersame, Unerklärte

stehen zu lassen: denn das Wundern ist ein Anfang zur Er=
kenntniß.

So hat er die schöne Aufgabe, in „Scientien" hineinsehen
zu lassen und auf verschiedene Fächer des Wissens gleichsam sein
Siegel zu setzen, damit der Schüler später sich erinnere, schon
einmal in dieses und jenes Fach geblickt zu haben.

Wird die Naturkunde nun in dem Sinne behandelt, daß die
Befriedigung der menschlichen Bedürfnisse durch die Natur und
die Verarbeitung ihrer Producte ein durchgreifender Gesichtspunkt
ist, ordnet man ihr zeitig die Waarenkunde und die ersten
Anfänge der Technologie bei, wie wir dies schon zum Zweck
der Verwendung der eigenen Erfahrung des Zöglings forderten,
so sind die Berührungen mit der Geographie noch zahlreicher.

Eine Verbindung von Geographie und Geschichte in der
Art, daß man die politische Seite der Geographie in den Vorder=
grund stellte, wäre verkehrt. Die Zeiten gehen ihrem Ende zu,
wo man vorweg die politische Eintheilung der Länder auswendig
lernte, wo jeder Duodezschlagbaum auch einen Theilstrich im Lehr=
stoffe repräsentirte. Es sind die Gebiete anderer Fürsten, die uns
die moderne Geographie aufsuchen und nach ihrer Begrenzung
kennen lernen heißt, die Gebiete der Majestäten und Durchlauchten
im Reich des Wassers: die Stromgebiete, welche zugleich die Fal=
tung des Bodens, die Elevation wiederspiegeln; unsere Schlag=
bäume sind die Wasserscheiden.[72])

Schon im Interesse des Geschichtsunterrichtes muß die poli=
tische Eintheilung zurücktreten, weil ihm daran liegt, sie als
variabel erscheinen zu lassen und weil er Kartenbilder mit ver=
schiedener Eintheilung vorführen muß. Für Deutschland muß die
alte, gute Eintheilung in die großen Herzogthümer nicht minder
zur Deutlichkeit gebracht werden, als die neueste; beide müssen
auf die natürliche Gliederung bezogen und mit ihr verglichen
werden.

Zahlreich sind die Wege, auf denen der Geographie ge=
schichtlicher Stoff zuzuführen ist. Zunächst hat ihr die Ge=
schichte Aufgaben zur Bearbeitung zuzuweisen. Was sie von
Flüssen, Bergen, Städten braucht, muß die Geographie schaffen

und dabei an den historischen Zusammenhang erinnern; so wird zugleich am Besten für das allmähliche Wachsen der Reihen gesorgt, dessen Werth wir früher hervorhoben. Weiterhin muß die Geographie bei vielen Gelegenheiten an Zustände früherer Zeit erinnern. Bei Nürnberg, Lübeck muß der alten Größe der Städte gedacht werden, in der Zeit, wo diese die doppelte, jene die dreifache Zahl von Einwohnern aufwies. Woher der Rückgang? Ein gutes Stück deutscher Geschichte muß man anziehen, um zu antworten. Der geographische Unterricht braucht es nicht, aber die Frage, das Räthsel soll er hinwerfen. Nürnberg und — Cordova werden auch als ein leibhaftiges Stück Mittelalter in Bauart und Aussehen zu schildern sein: die Schilderung wird genug Geschichtliches bringen.

Aber es giebt weiterhin Partieen in der Geographie, die am besten und wirksamsten durchgearbeitet werden, wenn man sie ganz an der Hand der Geschichte behandelt. So vor allem die Geographie der neuen Welt, die mit der Entdeckungsgeschichte versetzt werden muß. Schon die erste Bekanntschaft mit der neuen Welt denken wir uns an die Reisen Robinsons angeknüpft. Die spanischen und englischen Entdeckungsreisen und Eroberungszüge geben später das Gerüst für diesen Theil der Geographie. Mit dem Auge, das staunend zuerst die unbekannten, ungeahnten Inseln und Länder betrachtete, müssen die Zöglinge sie sehen. Schilderungen nach den Berichten neuerer Reisenden mögen das Bild vollenden. Doch auch Partieen der Geographie der alten Welt werden am besten an den Faden der Geschichte aufgereiht. Napoleons Zug nach Rußland, der ja schon früh im Unterricht auftritt, mag uns durch Polen und Litthauen nach Rußland hineinführen. Der Kreuzzug Barbarossa's, mag uns durch die Donauländer führen, der Zug der zehntausend Griechen durch Assyrien, Armenien, Kleinasien.

Am schwierigsten ist in der Geographie zu bestimmen, bis wohin die Detaildarstellung zu gehen hat und an welche Stellen sie gehört. Diese Aufgabe kann nur gelöst werden, wenn der geographische Lehrer das Material der übrigen Disciplinen überschaut und von ihnen Winke, Aufgaben zu empfangen weiß. Hier kann die Naturkunde einen Ort brauchen, als Fundstätte irgend eines Productes oder als Ort irgendwelcher industriellen Production, den er vielleicht, ohne diese Rücksicht, bei Seite gelassen hätte; dort die Geschichte einen kleinen Fluß, der geringe physisch-geographische Bedeutung hat, aber als Grenze wichtig ist; da das Deutsche, die Literaturgeschichte, einen sonst unbedeutenden Ort, der uns einen Dichter geschenkt. In diesem Sinne muß die Geographie eine dienende Disciplin sein; der Lohn für ihre Unterordnung wird sein, daß sie einen Maaßstab erhält für das Detail, in dem sie sonst blind oder nach einseitigem Gesichtspunkt arbeitet.

Am meisten steht gewöhnlich vom geographischen Unterricht seitab die Religionslehre. Da sie aber geschichtliche Momente aller Art bietet — altbiblische Geschichte, Apostelgeschichte — und es für die Auffassung des Thatsächlichen von der höchsten Bedeutung ist, seine Stätte zu klarer Anschauung zu bringen, so hat die Geographie alle Ursache, das heilige Land, die Stadt Jerusalem, die Orte der ersten christlichen Gemeinden im Auge zu behalten und anschauliche Vorstellungen davon zu begründen. Nicht dadurch entrückt man die Erzählungen unserer Glaubensurkunden einer vorwitzigen Kritik, daß man sie auf den Isolirschemel setzt und von allem Profanen fernhält, sondern dadurch, daß man die Anschauung auf alle Weise in ihnen Wurzel schlagen und heimisch werden läßt. Lebendige Bilder von Land und Leuten machen aber den Geist heimisch in entlegener Stätte und mit dem Ort werden ihm auch dessen Bewohner, ihre Denkart und Weltanschauung um so vertrauter.

Welche Aufgaben die Geographie an die technischen Uebungen stellt, ist schnell gezeigt. Das Kartenzeichnen versorgt den Zeichenunterricht.[73]) Sonnenweiser, Globus mit und ohne Netz, Stücke des Sternenhimmels, ein primitiver Theodolith können gefertigt werden zu bedeutender Unterstützung der Anschauung. Aus Sand und Erde im Garten können Reliefs der Länder, der Erdtheile geformt, kann der Lauf von Flüssen angedeutet werden. Charakteristische Bauwerke, wie die Pyramiden, Obelisken, Pagoden, der Belustempel in Babylon, selbst griechische

Gebäude können gebaut oder gearbeitet werden. Sammlungen von charakteristischen Producten der Länder, angeregt und richtig unterstützt, können eine weitere Vermittelung zwischen dem Leben der Kinder und der Lehre, zwischen Haus und Schule bilden.

So viel über die Geographie, als Vermittlerin von Menschenkunde und Weltkunde. Wir wenden uns zu einem andern Lehrgegenstande, der bei dem Zweck formeller Bildung zugleich das Material verschiedener „Scientien" zur Anwendung bringen läßt: es ist der deutsche Unterricht. Sprechübungen eröffnen ihn; mit Recht bleiben sie ungetrennt von Anschauungs- und Denkübungen; Gesinnungsunterricht, wie Naturkunde geben ihren Stoff dazu her. Aber auch später, wenn der deutsche Unterricht seine eigenen Bahnen gefunden, wenn er Gedichte behandelt, Aufsätze fertigen lehrt, im Vortrage übt, kann und soll er ein Einigungspunkt sein für den Lehrstoff aus verschiedenen Gebieten. Nicht nur, daß in andern Lehrstoffen gesprochen, geschrieben, producirt wird: der deutsche Unterricht als solcher soll stete Verbindung mit ihnen aufrecht erhalten und Aufgaben von ihnen herübernehmen.

Wie Gedichte, Lesestücke, gleichsam mit all ihren Wurzeln auszuheben, nach geschichtlicher, geographischer, naturkundlicher Rücksicht zu verfolgen sind, haben wir mehrfach angedeutet. Welch reiches Material bietet eine Uhland'sche Ballade! Welch schöne Gelegenheit, geographische, naturkundliche Anschauungen hervorzurufen, ein Gedicht wie Freiligrath's Löwenritt! Von welch hohem Gesichtspunkt aus lassen sich die Ströme Deutschlands von der Quelle bis zur Mündung verfolgen, wenn es gilt, den Göthe'schen Gesang Mahomet's mit lebendiger Anschauung zu erläutern! Wie im Festtagsgewande stehen die Dinge da, wenn sie der Dichter uns zeigt in der Beleuchtung der Poesie! Es ist keine Prosaifirung der Dichtung, wenn man dabei zugleich die Dinge, wie sie sind, aufzeigt und an die Lehren erinnert, welche bei der Werkeltagsbehandlung der Dinge sich ergeben; im Gegentheil gewöhnt man dadurch zu dem Auffluge vom Wirklichen in das Reich der Dichtung, die dann nicht wie eine andere Welt, sondern —

was sie ist und als was sie empfunden und genossen werden soll — als eine andere Beleuchtung derselben alten Welt aufgefaßt wird, die uns jeder Tag zeigt.

Uebergreifend über mehrere Gegenstände muß auch der Unterricht im Produciren in der Muttersprache sein. Werden nur die positiven Gegenstände versetzt mit einem Reichthum von Anschauungen und Gedanken, so braucht die „deutsche Arbeit" nicht zu kahlen didactischen Chrien, die die Schüler nur darin üben, Gedankenschaum zu schlagen, ihre Zuflucht zu nehmen, sondern kann mitten in das hineingreifen, was die Köpfe der Schüler beschäftigt. Auch hier gilt es, die andern Disciplinen zu überblicken, ihre Bedürfnisse zu verstehen und gleichsam ihre Baarerträge an Wissen zu kennen. Dabei reden wir keinem vagen Umherfahren das Wort, sondern verlangen, daß die deutschen Arbeiten, wie mit den Disciplinen, die ihnen den Stoff geben, so unter sich zusammenhängen und eine ansteigende, immer erweiterte Uebung mit sich bringende Reihe bilden.[74])

Auf gelehrten Schulen ist die Verbindung des deutschen Unterrichts mit den classischen Studien von ganz besonderer Wichtigkeit. So nahe der Gedanke liegt und ein so treffliches Hülfsmittel in Cholevius' „Geschichte der deutschen Poesie nach ihren antiken Elementen" zu Gebote steht, so geschieht meist so wenig dafür, daß der Schüler in den Schiller'schen und Göthe'schen Gedichten die antiken Namen und Anspielungen kaum als alte Bekannte auffaßte; noch weniger denkt man für gewöhnlich daran, die Schöpfungen unserer Dichter, die im Alterthum wurzeln, in dem Sinne zu behandeln, daß daran das Charakteristische der antiken Weltanschauung zu Tage tritt. Für nicht gelehrte Anstalten ist dies einer der Wege in's Alterthum überhaupt, denn hier ist eine Stelle, wo die antike Welt wirkungsvoll hereinragt in die unsere, wo wir aus dem Alterthum den Schlüssel holen müssen, um zu dem Unseren zu gelangen. Bei diesem Gange, meinen wir, sei die beste Gelegenheit, sich bei den Alten umzusehen. Auf gelehrten Anstalten ist Zeit und Gelegenheit, Parallelen zwischen Altem und Neuem zu ziehen, welche den doppelten Vortheil bieten, das Alte in die intensivere Beleuchtung des Neuen zu stellen und das Neue als bedingt, beeinflußt durch das Alte erscheinen zu lassen.

Sehen wir nunmehr zu, welche Verknüpfungen, abgesehen von den eben besprochenen übergreifenden Lehrgegenständen, zwischen den einzelnen Disciplinen möglich sind, und wo man weiterhin die Punkte zu suchen hat, von denen aus man von einer Scienz in die andere kann blicken lassen.

Was zunächst den ersten Haupttast des Unterrichts anbelangt, so haben für wir seine beiden vorzüglichsten Zweige, für **Religionslehre** und **Geschichtsunterricht**, von vornherein als Einigendes schon bezeichnet: den gemeinsamen Zweck, die Gesinnung zu bilden. Werden beide als Gesinnungsunterricht aufgefaßt und behandelt, dann kann es an Berührungen nicht fehlen. Das sittliche Urtheil ist dasselbe, das an profanem und heiligem Erzählungsstoff gebildet wird. Züge des Gottvertrauens, der Pflichttreue, des Ueberzeugungsmuthes kann und soll der Religionslehrer, wie der Geschichtslehrer durch Parallelen des Nachbargebietes beleuchten und so zu verstärkter Wirkung bringen. Heilige wie Profan-Geschichte müssen durchsichtig gemacht werden für das Ethische und in diesem Streben müssen sich die Lehrer beider zusammenfinden.

Aber auch der positive Stoff beider Lehrfächer kann in Verbindung gesetzt werden. Die biblische Geschichte muß den Stamm Abrahams von vornherein im Zusammenhange mit den benachbarten Stämmen auffassen, so gut wie sie Lebensweise und Sitte der alten Patriarchen im Zusammenhang mit der Natur des Landes aufzeigen soll. Ebenso muß aber die Weltgeschichte, wenn sie Vorderasien berührt, stets das Auge auf das Volk Israel richten; die Episode des Unterganges von Belsazar darf nicht fehlen in der Geschichtserzählung, die im Uebrigen Herodot nachgeht, und Kyros wäre schlecht bekannt, wenn er nicht auch als Koresch aufträte.

Die ganze Zeit der römischen Cäsaren ist mit steter Rücksicht auf die Geschichte der Entwickelung des Christenthums zu behandeln, gerade wie die Ausbreitung der Kirche über Deutschland ein Wegweiser sein muß für die Geschichte des früheren Mittelalters.

Eine freundliche Einigungsstätte von Religions- und Geschichtsunterricht bildet die Legende, die so vielfach tiefen religiösen Sinn mit volksthümlicher Anschaulichkeit vereinigt und der bei richtiger Auswahl und Behandlung werthvolle Beiträge zu dem Bilde ihrer Zeit abgewonnen werden können. So sei nur der Legenden von Columban und Gallus, vom heiligen Martin, von der heiligen Elisabeth gedacht.

Im Allgemeinen gilt uns hier die Anschauung: die religiösen Lehren der christlichen Kirche sind das ausschließliche Gebiet des Religionsunterrichts; das Geschichtliche ihrer Vorbereitung im jüdischen Glauben, ihrer Verbreitung, ihrer Wirkungen, die ethische Betrachtung der Tugenden, der Großthaten, die sie hervorgerufen, theilt er mit dem Geschichtsunterricht und je vielfacher die Anknüpfungen an diesen sind, um so weiter verzweigt sind die Wurzeln, mit denen er sich in das Gemüth einsenken kann.

Wenn wir uns nunmehr zu der Frage wenden, wie Geschichts- und Sprachunterricht in Uebereinstimmung gesetzt werden können, so bemerken wir auf dem Gebiete des letzteren so wenig Uebereinstimmung mit sich selbst, daß wir irre werden können an der Hoffnung, Vermittlungen zwischen jenen Disciplinen zu schaffen. Zu einer conformen Einrichtung des Studiums zweier Sprachen sind kaum die ersten Anfänge gemacht. Die Parallelgrammatik ist noch ein frommer Wunsch und der gewöhnliche Zustand ist der, daß Deutsch, Lateinisch, Griechisch, Französisch neben einander betrieben werden, ohne daß die entsprechenden Grammatiken irgendwie auf einander bezogen, oder von demselben Gesichtspunkt aus bearbeitet wären.[75]) Im besten Falle ist die deutsche Schulgrammatik unter Berücksichtigung der germanistischen Forschung, immerhin noch versetzt mit dem logisch-grammatischen Kategorienwesen der Becker'schen Schule bearbeitet, die lateinische nach der guten alten Art Bröder-Zumpt, die griechische vielleicht mit Benutzung der Ergebnisse der Sprachvergleichung, die französische angenähert den „praktischen Sprachlehren," deren Ahnherr Meidinger ist! Hat G. Curtius auch einen trefflichen Anfang zur Anlehnung des Griechischen und Lateinischen gemacht, so fällt diese doch wenig ins Gewicht, so lange der lateinische Zwillingsbruder seiner grie-

chischen Grammatik fehlt. Zwischen Französisch und Lateinisch hat
Knebel schüchtern einige Verbindungsfäden gezogen. Ein ernstlicher
Anlauf, den französischen Sprachschatz mit Hülfe des lateinischen
zu heben, wozu den Lehrer freilich nur die Kenntniß der ver=
gleichenden romanischen Grammatik befähigt, ist öfter angerathen,
aber nirgendwo unternommen worden. Der alte Ratichius hat in
den Wind geredet, wenn er sagt: „Die Grammatica muß im
Deutschen übereinstimmen mit der Hebräischen, Griechischen, so
viel immer möglich die Eigenschaften der Sprachen zulassen. Denn
diß hilft dem Verstande trefflich und giebt auch dieses eine
Scharfsinnigkeit, daß man siehet, wie eine Sprache von der andern
abtrit und wo sie überein kommen."

Erheben wir als erste Forderung Conformität der
Schulgrammatiken, so ist unsere zweite: Anlehnen des
Sprachunterrichts an den Sachunterricht.

Als Göthe in seiner Jugend die mannigfaltigsten Sprach=
studien zu treiben hatte, wurde es ihm, wie er erzählt, immer
lästiger, bald aus dieser, bald aus jener Grammatik oder Beispiel=
sammlung den Anlaß zu seinen Arbeiten zu nehmen und so seinen
Antheil an den Gegenständen zugleich mit den Stunden zu ver=
zetteln. Er kam daher auf den Gedanken, Alles auf einmal zu
thun und ersand einen Roman von sechs bis sieben Geschwistern,
die in der Welt zerstreut werden und sich Nachrichten von ihren
Zuständen geben. Der älteste Bruder berichtet in deutscher
Sprache von seinen Reisen, ein anderer ist Theolog und schreibt
lateinisch mit griechischem Postscript, ein dritter ist in Hamburg
angestellt und schreibt englisch, ein jüngerer in Marseille, der
französisch berichtet; für das Italienische tritt ein Bruder Musikus
ein. Als Zugabe schreibt der jüngste Judenbeutsch. Für diese
wunderliche Form suchte er einen Inhalt, in dem er die Geo=
graphie der Gegenden studirte, wo seine Personen lebten,
und allerlei Menschliches hinzuersand, das mit dem Charakter
der Personen Verwandtschaft hatte.

Diese knabenhaft=sinnreiche Art, wie Göthe das schale Allerlei
des Lehrstoffes in ein vereinigtes Mannigfaltiges zusammenfaßte
und der leeren Form menschen= und naturkundlichen Inhalt gab,

ist lehrreich und beherzigenswerth. Der kleine Heros hieb sich selber seinen Pfad durch das Gestrüpp: Kinder gewöhnlicher Begabung fühlen wohl den Druck, aber finden keine Hülfe; es ist Sache des Unterrichtes, den Druck zu beseitigen. Oder traut der, welcher Kindern an nichtigem, werthlosem Allerlei Sprache lehrt und der Hoffnung lebt, sie werden es schon bewältigen und für ihr geistiges Leben Förderung daraus ziehen, ihnen nicht eine Göthe'sche Phantasie und Energie zu?

Uns ist die Sprachlehre ein Zweig der Lehre vom Menschenthum. Wir wollen Sprache als Schöpfung eines Volksgeistes behandelt wissen und dadurch bestimmt sich der Stoff der Sprachlehre von selbst; was das betreffende Volk geredet und geschrieben hat, ist der Gegenstand, an dem seine Sprache zu lernen ist und nicht etwa nur auf den höheren Stufen des Unterrichts, sondern so früh als thunlich. Damit ist weder verlangt, daß schon früh große classische Werke auftreten sollen — obgleich auch sie eine Bearbeitung erlauben, welche eine Verwendung derart minder paradox macht, als es klingen mag — noch auch, daß Alles und Jedes, was gelesen, übersetzt und rückübersetzt wird, einen bedeutsamen Inhalt habe; denn ohne Variation, ohne Vielerlei in Sätzen und Worten ist keine Sprachübung möglich; sondern nur das, daß ein Stammcapital von Sätzen, deren Inhalt für den Lernenden Werth und Bedeutung hat, im Mittelpunkte des Unterrichts stehe und daß Uebungen an minder bedeutsamem Stoff nur zur Vorbereitung oder Einprägung jener bedeutsamen Sätze und Lesestücke vorgenommen werden.[76]) Auch werden wir für den Anfang bei bedeutsamem Inhalt nicht hartnäckig auf seiner classischen Form bestehen. Die Erzählung von Trojas Fall, Odysseus' Kyklopenabenteuer, wie sie Henneberger in seinem Elementarbuch, die Nacherzählung von Geschichten aus Herodot und Livius, wie sie Weller in seinen Lesebüchern giebt, beanspruchen nicht das Prädicat classischer Latinität, aber sie beanspruchen Stoffe von bleibendem Werth, die im Gedankenkreis der Knaben Platz gegriffen, zu behandeln und dienen darum dem Zwecke der Anlehnung der Sprachlehre an den Geschichtsunterricht. Wir denken uns ein französisches Lesebuch nach unserm Sinn nicht gerade beginnend mit der Geschichte vor der Salbung des ersten allerchristlichsten Königs zu Rheims und durch die ganze französische Geschichte fortgesetzt, aber wohl verlangen wir, daß es Lesestücke bringe, die entweder auf die Geschichte des Volkes oder auf seine Sitten und Anschauungen ein Licht werfen, und würden darum Märchen, Fabeln, selbst bezeichnende Anekdoten nicht ausschließen.[77])

So ist es um der Concentration willen nicht grade erforderlich, geschichtliche Werke zu behandeln, vielmehr wird ein Wechselverkehr zwischen Sprachlehre und Geschichtsunterricht auch dann hergestellt, wenn man mit dem Streben, durch den Sprachunterricht zugleich Kenntniß der Literatur eines Volkes und dadurch Verständniß des Volksgeistes zu begründen, Ernst macht und es für Auswahl und Anordnung neben den Rücksichten, die das Ansteigen zum Schwereren gebietet, geltend macht. Dann wird der Sprachunterricht zugleich Sachunterricht und wo verschiedene Sprachen neben einander getrieben werden, wird jener Hunger nach menschlichem und natürlichem Inhalt, der Göthe zu seinem Correspondenzroman trieb, vermieden werden.

Kürzer können wir uns über die Verbindung der Disciplinen der zweiten Gruppe fassen, welche gemeinsam das Wissen um die Natur zu pflegen haben: Naturkunde, Naturlehre, Mathematik, Zeichnen, technische Uebungen. Ihr gemeinschaftliches Centrum ist die eigene Erfahrung des Zöglings. Bleibt sie immer der Ausgangspunkt, so wird das Zerfallen dieser Fächer am sichersten vermieden. Die euklidische Methode ist geistreich und von logischem Werthe, pädagogisch ist sie nicht; denn ihr sind die mathematischen Abstractionen eine Welt für sich, während sie doch nur die Wegweiser in der Welt unserer Erfahrung sein sollten.

Wie die Geographie ein vortreffliches Band ist zwischen den beiden Hauptästen des Unterrichts, haben wir schon gesehen. Aber es giebt noch andere Vermittelungen zwischen Gesinnungs- und Naturunterricht, die hergestellt werden, wenn nur die Lehrer beider die Sprödigkeit ablegen, die sie so oft gegen Dinge aus dem Nachbargebiet an den Tag legen. Kommt in der Geschichte etwas Naturhistorisches vor, so halte es der Lehrer für keinen Zeitverlust, es mit ein Paar Worten an seine Stelle im Zusammenhange der

Naturkenntnisse zu setzen und die Schüler einen raschen Seitenblick in jenes Gebiet thun zu lassen. Und bedarf der Gegenstand näherer Beleuchtung, so verständige er sich darüber mit dem Lehrer für Naturkunde. Ebenso weise dieser nicht aus dem Wege, was ihm darauf von geschichtlichen Beziehungen aufstößt. Er scheue nicht einen kleinen Streifzug in griechische Geschichte, wenn der pythagoreische Lehrsatz, die archimedische Zahl vorkommt; die Behandlung exotischer Naturproducte versetze er mit Daten aus der Entdeckungsgeschichte; der Zeichenlehrer versäume, wenn er Ornamente vorlegt, nicht, mit ein Paar Worten ihre Stelle in der Kunstgeschichte zu bezeichnen u. s. f.

Man schätze den Werth eines derartigen gelegentlichen Blickes auf ein Gebiet der Wissenschaft von einem andern aus nicht gering. Der Gegenstand tritt, von zwei Seiten gesehen, gleichsam stereoskopisch heraus und es wird so — was das Wichtigste — auch für später die Gewohnheit begründet, sich bei andern Wissenschaften Raths zu erholen, wo ein Gegenstand der Erklärung bedarf. Fachstudium und allgemeine Bildung werden in der Weise am besten vereinigt, daß der Geist zwar vorwiegend in einem Gebiete des Wissens oder Schaffens sich niederlasse, aber auf alle Pfade Acht habe, die ihn von da aus in andere hinüberleiten. Der Philolog verschmäht dann die Pflanzenkunde nicht, denn sie hilft ihm das Bild von seinem Griechenland und Italien zu beleben; der Geschichtsforscher die Mathematik nicht, denn er weiß ihren Einfluß auf die Umgestaltung des Weltbildes durch Copernikus und seine Nachfolger zu würdigen; der Mathematiker die Geschichte nicht, denn seine Probleme haben eine Geschichte und eine von weiteren Perspectiven aus angelegte Geschichte der Mathematik ist ein gut Stück Geschichte der Menschheitsentwicklung überhaupt.

Und so meinen wir denn, daß in der Gewohnheit und Gewandtheit, von einer Wissenschaft in die andere hinüberzublicken, das gewonnen wird, was der Encyclopädismus Gutes und Richtiges erstrebte, ohne in seinen Fehler zu verfallen, zusammenhangsloses Stückwerk zu geben, und durch oberflächliche Auszüge den Sinn für das Weiterdringen und Forschen abzustumpfen. Wir wollen die geistige Beweglichkeit begründen, die, wenn auch späterhin das Arbeitsfeld ein begrenztes wird, den Geist die Fühlung mit andern Gebieten des Wissens und Lebens nie ganz verlieren läßt und wir wollen sie begründen dadurch, daß wir auf die Fäden Acht haben lehren, welche jene Gebiete untereinander verbinden, daß wir gewöhnen „aus einer Scienz in die andere hinüberzublicken."

Nun werden wir auch zu der Frage der Concentration Stellung nehmen können. Die Concentration zum Princip machen, heißt uns nicht, den einen Lehrgegenstand von dem andern abhängig machen, nicht, von dem einen die Aufgaben für den andern hernehmen und so seinen Aufbau aus seinen eigenthümlichen Elementen verkümmern, es heißt uns vielmehr: Hinarbeiten darauf, das in der Seele vereinzelt Dastehende zusammenzuführen, das Auseinanderfallende zu verknüpfen; es heißt uns, Wege suchen zwischen verschiedenen Lehrgegenständen, Gruppen des Lehrstoffs bilden, die übergreifen von einer Disciplin zur andern, damit von jedem Punkt des Wissens aus Verbindungen mit andern hergestellt werden. Ein Centrum alles Unterrichtes ist uns fernerhin des Zöglings eigene Erfahrung, an welche wir von allen Seiten Lehren und Antriebe anschließen wollen. Zum Principe der Concentration bekennen wir uns endlich dadurch, daß wir einer Zersplitterung des Gesinnungs-, beziehentlich Geschichtsunterrichts vorbeugen, durch Zugrundelegen einheitlicher bedeutsamer Stoffe, wie sie früher aufgeführt und besprochen worden sind.

Wir haben damit schon auf den von uns zurückgelegten Weg einen Blick geworfen.

Hebung der geistigen Thätigkeit durch den Unterricht war es, was wir erstrebten, und wir erkannten, daß sie erreicht werde durch Anschluß an den Gang des jugendlichen Interesse, welchem die Dinge näher liegen als die Formen, welches lieber sammelt, als fertige Reihen hinnimmt, welches Dargebotenes freudig verarbeitet, wenn ihm nur die Wege dazu gezeigt werden.

Wir setzten weiter auseinander, daß jeder Altersclasse ein besonderes eigenthümliches Interesse für erzählende Stoffe innewohne, das der Unterricht zu seinem Bundesgenossen machen müsse; denn nur mit sorgfältiger Benutzung der vorhandenen Triebkräfte in der Seele kann er tiefer eindringen und auf Fortbauer seiner Antriebe rechnen.

Aber nicht bloß die Triebkräfte, die sich in der jugendlichen Seele regen, sondern auch die Vorstellungen, die sie erworben, muß der Unterricht in seine Berechnung aufnehmen; er muß seine Lehren, wo es thunlich ist, an die eigene Erfahrung des Zöglings knüpfen, damit sie um so festere Wurzeln schlagen und der Zögling zu angeregter Auffassung seiner Umgebung hingeleitet werde.

Allgemein verlangten wir ferner Verknüpfung der Vorstellungen unter sich und so zwar, daß zahlreiche wohlverbundene, sich mannigfach kreuzende Reihen den Zögling zum Auf- und Absteigen auf der Leiter der Begriffe befähigen.

In dem Herstellen der Verknüpfung zwischen den einzelnen Lehrfächern erblickten wir endlich die rechte Lösung der Frage, wie dem zerstreuenden Vielerlei ein Gegengewicht gegeben werden könne.

Die Mittel zur Hebung der geistigen Thätigkeit waren es, die wir aufsuchten: sie war uns der Zweck, den wir realisiren wollten. Nunmehr müssen wir noch mit zwei Worten dieses Zweckes Verhältniß zu dem letzten Zwecke der Erziehung überhaupt bestimmen und so unseren Betrachtungen ihre Stelle anweisen in dem Ganzen der Erziehungslehre. Nennen wir als diesen letzten Zweck, die Bildung zur Tugend und Liebe: Tugend und Liebe sind geistige Thätigkeit; nennen wir ihn Befähigung zu sittlichem Schaffen: je mehr geistiges Leben hervorgerufen wird im Zögling, um so weiter wird des Mannes Kraft reichen, um so mannigfaltiger werden die Mittel seines Schaffens werden, um so vielförmiger wird er das Gute zur Wirkung bringen; nennen wir ihn die Begründung eines sittlich-religiösen Charakters: aus einem reichen, angeregten Geistesleben führen der Wege zum Herzen mehr, als aus einem armen, trägen; und mag auch die stille Gottesfreude jedem tieferen Gemüthe zugänglich sein, um im Leben zu wirken bedarf auch der religiös-sittliche Sinn der Mittel des Geistes.

So steht die Hebung der geistigen Thätigkeit mit dem letzten Zwecke aller Erziehung, in dessen Bezeichnung die Denker vielleicht von einander abweichen, über dessen Wesen sie aber einig sind, in innigster Verbindung und wer sie zu fördern bedacht ist, schafft für jenen.

So mögen sich denn Schule und Familie, die beiden Verwalter des Heiligthums der Erziehung, treffen in dem gemeinsamen Streben: durch das Wahre zum Guten, durch das Reich des Geistes zur Tugend, zu Gott.

Anmerkungen.

Zum ersten Vortrag.

1) Émile (Firmin Didot, 1834), I. p. 43. Émile est orphelin. Il n'importe qu'il ait son père et sa mère. Chargé de leurs devoirs, je succède à tous leurs droits. Il doit honorer ses parents, mais il ne doit obéir qu'à moi. C'est ma première ou plutôt ma seule condition.

2) Herbart in dem Gutachten über die Graff'schen Vorschläge zur Umwandlung der Schulclassen. Werke herausgeg. von Hartenstein XI. S. 279. Vergl. Ziller: Grundlegung zur Lehre vom erziehenden Unterricht. S. 282.

3) Treffend verurtheilt Jean Paul die Verkehrtheit, beim Unterricht immer das ferne Ziel im Auge zu haben und sich und den Zögling dadurch um die Gegenwart zu bringen. Levana B. I. § 53: „Der Lehr- und Brodherr der Kleinen handelt immer, als sei das ordentliche Leben des Kindes als Menschen gar noch nicht recht angegangen, sondern warte erst darauf, daß er selber abgegangen sei und so den Schlußstein seinem Gewölbe einsetze. Sogar der Reisehofmeister glaubt, es sei, so lange er noch in der Furche gehe und säe, Grün- und Blüthezeit nicht an ihrer Stelle."

4) Ueber den Schreiblesenunterricht: s. Schulrobinson als Lesefibel u. s. w., von Ernst Barth; und die Anleitung zum Gebrauch des Schulrobinson S. 9 und 13. Ueber das Verhältniß von Wissen und Fertigkeit: Ziller a. a. O. S. 434. Zur Geschichte des Schreiblesens vergl. die Methodik des sprachlichen Elementarunterrichts von Kehr und Schlimbach.

5) Vergl. des Verfassers Aufsätze: „Die moderne Sprachwissenschaft und die Schule," in den Monatsblättern für Pädagogik von Ziller und Ballauff, 1865, bes. S. 191 ff.

Für den Kenner genügt das im Text Gesagte, um Verwandtschaft und Unterschied der hier vertretenen Ansicht von der der „Analytiker" und der „genetischen Methode" von Mager zu erkennen.

6) Diese Ansicht vertritt noch C. Peter (der Geschichtsunterricht auf Gymnasien, s. bes. S. 92 ff.), dessen hohes Verdienst in anderer Richtung, in der Hinweisung auf den hohen Werth der Quellen, liegt.

7) Im fünften Vortrage. Ueber Vorblicke bei der Erzählung vergl. Herbart W. X. S. 220. „Das appercipirende Merken soll benutzt und nicht gestört werden. Die Rede muß dahin vorgehen, wo sie erwartet wurde, bis die Erwartung befriedigt ist, die Lösungen müssen den Aufgaben entsprechen, Alles muß ineinandergreifen."

8) Vergl. Ziller a. a. O. S. 428 ff. und Biedermann, der Geschichtsunterricht in der Schule, S. 20 ff., welcher letztere nur von den Quellenwerken absieht.

9) Die „Analytiker" (Jacotot, Hamilton u. s. w.) fehlen darin, daß sie den Text nicht in die grammatischen Elemente auflösen und für deren Verständniß und Verbindung sorgen; die „Grammatisten" darin, daß sie vorweg das systematisch Geordnete geben und sich dadurch um die anregende Arbeit des Ordnens bringen. Vergl. im Allgemeinen über den Streit der Methodiker: Mager, die modernen Humanitätsstudien III. S. 47 ff. 85 ff. 167 ff.

10) Émile III. p. 36 sq. Auf diesen und ähnlichen Stellen des Emil fußt der Utilitarismus des vorigen Jahrhunderts.

11) In Betreff des Zeichnens sei noch verwiesen auf die Aufsätze von Bochmann in den Monatsblättern von Ziller und Ballauff S. 21 ff. 44 ff. 70 ff.

Zum zweiten Vortrag.

12) Der griechische Knabe hatte seinen Homer, der jüdische seine alttestamentlichen und talmudischen Erzählungen; im Mittelalter dienten Legenden und Sagen dem erziehenden Unterricht besser, als unsere Fabrikjugendgeschichten. „Der Seele Trost", ein Erzählungsbuch aus dem Anfang des 15. Jahrhunderts bringt vortreffliche Legenden, Märchen, Historien; unter anderem: die von Fridolin (Gang nach dem Eisenhammer) und vom „Mann im Syrerland" (Parabel von Rückert). Die philanthropinische Richtung hat die Sündfluth von wässerigen Erzählungen „für die fleißige Jugend" auf dem Gewissen, die noch uns bedrängt. Sie war weit entfernt, an Stelle des richtigen Tactes der alten Zeit richtige Einsicht zu setzen. Die Grimm'schen Märchen und Sagen leiteten auf richtigere Bahnen. Ethische Verwerthung von Erzählungen ohne moralisirendes Salbadern lehrte Herbart zuerst, dem seine ethischen Grundanschauungen die richtige Handhabe gaben: Begründung des Urtheils, als integrirenden Momentes der sittlichen Einsicht. Beneke würdigt die Bedeutung guter Erzählungen, die „geistige Bilder" in die Seele legen, vergl. Erziehungs- und Unterrichtslehre II. S. 388. Doch steht Herbart hier, wie überall, tiefer als er. Ziller's Verdienst ist es, mit der

Herbart'schen Idee von einer „ästhetischen Darstellung der Welt zum Zwecke der Erziehung" Ernst gemacht und die Reihe der erziehenden Erzählungsstoffe fixirt zu haben.

13) Vergl. was Herbart über die echte Knabenerzählung sagt. W. X. S. 14.

14) Herbart, die ästhetische Darstellung der Welt als Hauptgeschäft der Erziehung. W. XI. S. 213 ff.

15) Ueber Nachwirkung von Jugenderzählungen spricht sinnig Jean Paul, Levana. III. § 125. Uebrigens geht er fehl, wenn er orientalische Märchen erzählen will.

16) Zu dem Gesagten: Ziller Grundlegung S. 155.

17) Zu dem Folgenden: Grimms Einleitung zu der (ältern) Ausgabe der Märchen; Klaiber: Das Märchen und die kindliche Phantasie, Stuttgart 1866. Oldenburg. Schulblatt 1852, S. 175 ff. (Ballauff) und Schulblatt der Prov. Sachsen, 1862, Nr. 10, S. 369 (als Separatabdruck durch Gräbner in Leipzig zu beziehen).

18) Vorschule, weil das Märchenschuljahr einen Uebergang vom Kindergarten zur Elementarschule macht. Vergl. Chronik und Plan der Barth'schen Erziehungsschule, 1868.

19) Vergl. Anm. zum ersten Vortrag 4 und 11. Durch Anlehnung an das Märchen erhalten die Fröbel'schen Arbeitsübungen erst ihren richtigen Stützpunkt. Fröbel unterschätzt die Bedeutung der Erzählungen für den erziehenden Unterricht. Vergl. seine einseitige Ableitung des jugendlichen Dranges nach Geschichten; die Menschenerziehung S. 78 ff.

20) Émile III. p. 47 der oben genannten Ausgabe.

21) Ueber das Singen und seine Bedeutung für den erziehenden Unterricht, Ziller a. a. O. S. 418 und Fröbel, Menschenerziehung S. 80.

22) Dadurch sind Uebungen mit einzelnen Lauten und Sylben keineswegs ausgeschlossen, wenn nur durch sie auf Lesen und Schreiben eines Satzes hingearbeitet wird. Beispielsweise Vorbereitung: i in b bi bin r ro o no on robin f so son robinson l oll wo wol te ni ch ich icht nich nicht nichts. Satz: robinson wollte nichts lernen.

23) H. Hettner: Robinson und die Robinsonaden. Vortrag, wiederholt in der Literaturgeschichte des 18. Jahrhunderts, B. I. S. 291 ff. (2. Aufl.)

24) Kühner in der Vorrede zu Gräbners Robinson 3. Aufl.

Zum dritten Vortrag.

25) Einen Ueberblick der Geschichte der Geschichtsmethodik giebt Campe: Ueber Geschichte und Unterricht in der Geschichte, 1859. S. 1—28. Vergl. Stoy Encyclopädie der Pädagogik S. 165 ff.

26) Zeitschrift für Völkerpsychologie von Steinthal und Lazarus, II. S. 54.

Anmerkungen.

27) Die Herbart'schen Bestimmungen, W. X. S. 66; analytischer und synthetischer Unterricht W. X. S. 74 ff.

28) Auch in einzelnen Zweigen der Geschichte ergänzen sich analytischer und synthetischer Unterricht. In der Literaturgeschichte geht die analytische Behandlung den Quellen irgend eines Productes nach, weist die Einflüsse auf, unter denen es entstanden; spricht z. B. bei der Göthe'schen Iphigenie von Euripides, Italien, Frau v. Stein und anderem mehr; die synthetische entwirft Bilder bedeutender Schriftsteller und ihrer Zeit. Geschichte der Pädagogik wird analytisch gelehrt, wenn auf Schritt und Tritt aufgezeigt wird, welchem Methodiker diese und jene Vorschrift, Idee zu danken ist; synthetisch, wenn wirkungsvolle Bilder des Lebens und Wirkens großer Pädagogen und ihrer Zeit gegeben werden.

29) Stoy a. a. O. Scheibert, die Bedeutung der höhern Bürgerschule, § 84. Das Bedürfniß wurde zuerst von Peter ausgesprochen: Der Geschichtsunterricht auf Gymnasien, 1849.

30) S. des Verfassers: die Odyssee im erziehenden Unterricht, S. 17.

31) Ziller Grundlegung bes. § 19: Vielseitigkeit und Persönlichkeit.

32) Auf die Ideen Herders und Herbarts eingehend, hat Kohlrausch den Grund gelegt zur pädagogischen Behandlung der biblischen Geschichte. Zuerst in dem Anhang zu der Dissen'schen Schrift: Anleitung mit Knaben die Odyssee zu lesen, 1809; dann in seinem Handbuch zur biblischen Geschichte, sowie in der „Anleitung für Volksschullehrer zum Gebrauch eines biblischen Lesebuchs", 1837.

33) Göthe, Wahrheit und Dichtung. Viertes Buch, in der Mitte.

34) Nach Ziller Grundlegung S. 428 soll neben Homer hergehen: die Geschichte Mose's und der Richter, d. i. die des jüdischen Heldenthums; neben Herodot: die Geschichte des Davidischen Königtums; neben der römischen Geschichte: die synthetische Geschichte des Lebens Jesu. Einzelnes aus dem Leben Jesu ist schon bekannt durch analytische Besprechungen, die sich an das Kirchenjahr anschließen.

35) S. zu dem Folgenden die Odyssee im erziehenden Unterricht, S. 177 ff. Land und Leben der Griechen zu Odysseus' Zeit, mit den Unterabtheilungen: das Land, die Landschaft und das Klima, Beschäftigungsweise der Bewohner, Stadt und Haus, die Familie, die Gemeinde, der Götterdienst.

36) a. a. O. S. 20.

37) Der erste Vorschlag ging von Thiersch aus, Bemerkungen über die Lectüre des Herodot nach der des Homer, im Anhang zu Dissen's Schrift über die Lectüre der Odyssee. Von der Lectüre des Originals sehen wir, wie bei Homer, ab. Das Lange'sche Lesebuch aus Herodot, wie die Bearbeitung in der Halle'schen Jugendbibliothek sind beachtenswerthe Vorarbeiten.

Zum vierten Vortrag.

38) Briefe, die neueste Literatur betreffend, X. Br.
39) Geschichte der Pädagogik, B. III. Der Unterricht in der Geographie.
40) Kosmos, Band II. A. III. und an andern Stellen.
41) Wir brauchen den Ausdruck im Sinne von Herbart, Allgemeine Pädagogik. W. X. S. 74 ff. Pestalozzi's Buch der Mütter zieht H. an jener Stelle selbst an. Zu dem Folgenden vergl. Ziller Grundlegung, S. 450.
42) Eine schätzbare Arbeit ist Kirchmanns Geschichte der Arbeit und Cultur (Leipzig, Mayer, 1858). Wenn der Verf. aber meint, daß „das Lebensbedürfniß von dem allgemeinen Schulunterricht die Geschichte als zwei Unterrichtsgegenstände verlangt, nämlich als Völker- und Staatengeschichte und Geschichte der Arbeit und Cultur" (Vorr. V.), so können wir ihm darin nicht beitreten. Auch wäre es eine fehlerhafte Benutzung des Buches, ihm den Gang des Unterrichtes anzuschließen. Der analytische Unterricht ist springend und systematisirtes Material nur bei freier Benutzung für ihn verwendbar. Da er sich an verschiedene Lehrgegenstände vertheilt, so ist beim Unterricht ein Compendium der Culturgeschichte unerläßlich, in dem jedesmal die Stelle aufgesucht und angestrichen wird, die man gerade berührt. Der Geschichtslehrer hat dann die Zusammenfassung der bezeichneten Stellen, Repetition der Zahlen u. s. w. zu besorgen.
43) Die mit Recht geschätzte Heimathskunde von Finger bietet eine zu geringe Ausbeute des Historischen, auch stimmen wir der Vertheilung des historischen Materials nicht bei. Rommel, Heimathskunde von Leipzig, 1867, hat sich ebenfalls mit dem Geschichtsunterricht nicht auseinandergesetzt.
44) Ziller Grundlegung S. 465. Bei der Frage der Begriffsbildung kommen wir auf den Parallelismus in den Lehrgegenständen zurück. Vergl. S. 94.
45) Ein Ausdruck Göthe's, der in der pädagogischen Provinz durch Gemälde geschichtliche Ereignisse veranschaulichen will, die er nicht nach der Zeitfolge ordnet, sondern nach dem innern Sinne gruppirt.
46) Die Vertheilung des Materials bestimmt sich nach mehreren Rücksichten zugleich. Der Gang des synthetischen Geschichtsunterrichts ist nicht das allein, wenngleich das hauptsächlich Bestimmende. An Erzählungen, die an die fernere Umgebung der Stadt anknüpfen, müssen sich die Schulreisen dahin anschließen; Gedenktage können zu Besprechungen Anlaß geben, vorausgesetzt, daß sie nicht künstlich geschaffen, sondern von der allgemeinen Sitte gehalten werden. Viel hängt selbstverständlich von der „Physiognomie" der betreffenden Heimath ab; in Leipzig, wo schon jedes Kind von der Schlacht 1813 weiß, können Besprechungen aus dem Freiheitskriege früher begonnen werden, als anderwärts. —
Dem Fehler, die Heimathskunde allmählich concentrisch zu erweitern,

verfällt W. Miquel: „Wie wird die deutsche Volksschule national?" Lingen 1851. Er will den Sprachunterricht auf der Stammesgeschichte, die Geographie auf der localen Statistik, den Religionsunterricht auf der Einführung des Christenthums in Deutschland aufbauen. Das alte Stammesbewußtsein soll wieder erneuert werden. Weder allgemeine Weltgeschichte, noch deutsche Geschichte soll die Volksschule behandeln, der Stamm mit seinen Schicksalen sei der Kern des Unterrichts. Um so lieber wir dem ebenfalls aufgestellten Grundsatze beitreten, „daß in die Volksschule nur das gehöre, was mit vollem Strome in das wirkliche gegenwärtige Leben des Volkes ausmündet," um so weniger können wir die künstliche Wiederbelebung des Stammesbewußtseins billigen, wodurch man sich den Weg zu jenen Mündungen eher verlegt, als ebnet.

47) Émile, T. I. p. 160 und T. II. p. 18.

48) Fröbel, Menschenerziehung, S. 462, aus dem Abschnitt: der Unterricht in der Erdkunde, der reich ist an trefflichen Winken.

49) Wie Gertrud ihre Kinder lehrt, 1801, S. 316. Der Irrthum, der künstlichen Erfahrung vor der natürlichen den Vorzug zu geben, wirkt in den Schülern Pestalozzi's vielfach nach. In der Sprachlehre gehören die fabricirten Sätze hierher.

50) Die leitenden Grundsätze s. bei Herbart: „Pestalozzi's Idee eines ABC der Anschauung als ein Cyklus von Vorübungen im Auffassen der Gestalten." W. XI. S. 79 ff.

51) Ziller Grundlegung S. 456. Ballauff, Oldenburgisches Schulblatt 1852, S. 175. Hildebrand: Vom deutschen Sprachunterricht in der Schule, Leipzig 1867. Die Thesen, welche die letztere Schrift vertheidigt, sind: 1) Der Sprachunterricht sollte mit der Sprache zugleich den Inhalt der Sprache voll und frisch und warm erfassen. 2) Der Lehrer des Deutschen sollte nichts lehren, was die Schüler selbst aus sich finden können, sondern alles das sie unter seiner Leitung finden lassen. 3) Das Hauptgewicht sollte auf die gesprochene und gehörte Sprache gelegt werden, nicht auf die geschriebene und gesehene. 4) Das Hochdeutsch, als Ziel des Unterrichts, sollte nicht als etwas für sich gelehrt werden, wie ein anderes Latein, sondern im engsten Anschluß an die in der Classe vorfindliche Volkssprache.

52) S. Barth, Schulrobinson, Anhang, wo das Material der vorgekommenen Sätze nach grammatischer Rücksicht so angeordnet ist, daß die Begriffe von selbst herausspringen. Für den Unterricht in fremden Sprachen vergl. d. Verf. Odyssee im erziehenden Unterricht, S. 211 ff.

53) S. Ziller Grundlegung S. 62. Für den gelehrten Unterricht dient das Material des „analytischen Lateins" nur als Stützpunkt für das Gedächtniß. Für jeden Unterricht im Latein, der nicht zu ausgedehnterer Lectüre und zum Gebrauch der Sprache führen soll, ist das analytische Material zugleich Maaß und Wegweiser. Würden alle gebräuchlichen, dem Lateinischen entlehnten Fremdworte des Deutschen, dazu lateinische Redensarten, Sprüche,

Inschriften, Verse, wie sie gang und gäbe sind, methodisch zusammengestellt, sprachlich erklärt und die gebotenen Ergänzungen vorgenommen, so hätte man einen Elementarcursus des Lateinischen, der, auf die eigene Erfahrung des Lernenden gestützt, ihn sehr wohl bis zum Verständniß eines leichten Textes führen könnte. Würde dabei zugleich das culturhistorische Element berücksichtigt, so würde man eine Brücke zum Alterthum überhaupt gewinnen, wie sie, sachlich und pädagogisch angesehen, nicht fester und gangbarer verlangt werden kann. Etwas ähnliches ließe sich für das Griechische herstellen.

Die gelehrte Bildung bedarf eines vielfältigen Apparates und langer Vorbereitungen. Die Vielen, die ohne Anspruch auf gelehrte, nach allgemeiner Bildung streben, sind in Rücksicht auf die classischen Sprachen in der Lage, im Apparat, in den Vorbereitungen, stecken zu bleiben und so gut wie Nichts davon ins Leben hinüberzunehmen. Für sie ist dieser Weg, der vom Leben aus ins Alterthum gelegt werden soll: für Real- und Bürgerschüler, für Schullehrer.

54) Jean Paul, Levana III. § 125. —

Vor dem Zuviel in der Darbietung von bildendem Stoffe seitens des Hauses ist mit Recht gewarnt worden. Dittes (Grundriß der Erziehung und Unterrichtslehre, Leipzig 1868, § 31) sagt darüber: „Es wirken kostspielige und gesuchte Veranstaltungen, wie Reisen, Darbietung von Kunstgegenständen und überreichem Spielzeug, Einführung in Gallerien und Kunstvorstellungen u. s. w., auf die geistige Entwicklung kleiner Kinder störend ein, indem sie zur Oberflächlichkeit, Zerstreutheit und zu Mißverständnissen veranlassen. Schlichte und wohlgeordnete Familienverhältnisse, vielfacher Verkehr mit Altersgenossen, allmähliche Erweiterung des Blickes in die Menschenwelt überhaupt, besonders auch eine vielseitige und innige Berührung mit der Natur, das sind für das frühere Kindesalter die günstigsten Bedingungen geistiger Entwicklung."

Zum fünften Vortrag.

55) Abhandlungen über die Fabel V. „Von einem besondern Nutzen der Fabeln in den Schulen." Dieser Nutzen, den Lessing einen heuristischen nennt, ist nicht gerade so bedeutend. Er will die Schüler Fabeln erfinden oder finden lassen, indem man die zu Grunde gelegten äsopischen Fabeln bald vor dem Schluß abbricht, bald weiter fortführt, bald einzelne Umstände darin verändert und so zur Production neuer Fabeln Anlaß giebt. So gewiß dadurch Phantasie und Witz Anregung und Bildung erlangen, so können solche Uebungen doch nicht mehr als beiläufige sein, etwa bei Lectüre Aesop's im Text oder in lateinischer Bearbeitung. Wir verlegen die eigentliche pädagogische Verwerthung der Fabel ins Kindesalter und zwar vor die Märchenstufe in den Kindergarten. Daß auch hier die Aesopischen Fabeln zu Grunde zu legen sind und jedes absichtliche Kindermachwerk bei Seite zu lassen, brauchen wir

nicht näher zu begründen. Rückkehr dazu ist immer von Werth und sowohl für den ersten lateinischen als französischen Unterricht der Stoff besonders geeignet.

Wie im Kindergarten die Fabeln zum Mittelpunkt des Unterrichts gemacht werden können s. bei Ziller Grundlegung S. 131.

56) Die Psychologie begreift die bezeichneten Vorgänge unter dem Namen der Apperception. In so weit die appercipirende Vorstellungsmasse durch die neu auftretenden Vorstellungen bereichert und erweitert wird, sprechen wir von Zulernen; von Umlernen, in so weit sie durch die neuen Elemente Umgestaltungen erfährt. Wenn ich von der Wirksamkeit eines Mannes ein Bild erhalte und ich reihe es richtig in das Gesammtbild seiner Zeit, so appercipire ich zulernend; gestaltet sich mir aber durch das Neue jenes Gesammtbild mehr oder weniger um, so appercipire ich unter Veränderung beider Vorstellungsmassen, umlernend.

57) Darin liegt zugleich, daß diese Elemente wohlgesondert und in dem richtigen Zwischenraume auftreten müssen, denn die Voraussetzung der richtigen Association, wie sie durch die Wiederholung erzielt werden soll, ist die Klarheit der ersten Auffassung. Die Klarheit und Schärfe der Auffassung wird aber dann wieder am besten erreicht, wenn das Neue von dem Bekannten sich kräftig und wirksam abhebt, und so ist die associirende Repetition wieder eine Voraussetzung der Klarheit, denn sie hält das Bekannte zusammen, von dem das Neue sich abheben soll. Für die Praxis folgen daraus die Imperative: Wiederhole, damit das Neue wirksam hervortrete, und klar aufgefaßt werde, und: Sorge für klare Auffassung, damit du gute Stützpunkte zur Wiederholung hast.

58) Mager: die modernen Humanitätsstudien, III. S. 203. Dabei darf jedoch Mager der Vorwurf nicht erspart bleiben, daß er der kunstvollen Folge der Uebungssätze, deren Bedeutung geopfert hat, indem er sie um der Worte und Formen willen verfertigte. Wir vertreten die Ansicht, daß zwischen den beiden Extremen: sinnvoller zusammenhängender Text ohne jede pädagogische Abfolge der Sätze (analytischer Standpunkt) und dem andern: bedeutungslose, unzusammenhängende Sätze nach pädagogischen Rücksichten geordnet (Mager, genetischer Standpunkt), der Mittelweg liege aus einem (im Zusammenhange anderweitig behandelten) Text nach grammatischen Rücksichten Sätze herauszuheben. Vergl. die Odyssee im erziehenden Unterricht: Zur sprachlichen Bearbeitung.

59) Die Forderung derartiger Vorbesprechungen ist zuerst von Ziller in ihrer Allgemeinheit aufgestellt und begründet worden. Herbart's „Vertiefung und Besinnung" ist der Keim des Gedankens, denn die Vorbesprechungen bieten eine Besinnung zum Zweck der nachfolgenden Vertiefung, und mit Hinblick auf diese. Die Vertiefung findet statt bei Aufnahme des Neuen, vorher wird rück- und vorgeblickt, besinnt sich der Schüler auf das Woher und sinnt über das Wohin des Weges. Unbewußt wendet der pädagogische

Tact biese Methode sehr oft an, dem es ebenso wie dem gesellschaftlichen widersteht, mit der Thür ins Haus zu fallen, ohne durch eine Hinleitung auf das, was kommen soll, die Aufmerksamkeit gespannt und ihm die rechte Aufnahme gesichert zu haben.

60) Es ist nicht die Meinung, alle Verse des Liedes in der Schule einzuführen. Wenn man von dem Grundsatze ausgeht, mit Beiseitlassung von allem Unbedeutenden, für Kinder Verfertigten, Schöpfungen von bleibendem Werthe, die für alle Altersstufen ihren Reiz behalten, dem Unterrichte zu Grunde zu legen, so wird man auch um der innern Wahrheit und Schönheit, um des frischen Naturlautes willen manche Gesänge verwenden können, die, in ihrem ganzen Umfange für Erwachsene bestimmt, nicht zerstört werden, wenn Einzelnes in ihnen wegbleibt oder mit leiser Hand geändert wird. Das schöne Lied von Feuchtersleben: „Es ist bestimmt in Gottes Rath", läßt man mit Recht unbedenklich in Schulen singen, indem man „das Lieb" durch den Freund ersetzt.

61) Die Odyssee im erziehenden Unterricht, S. 163. Auf das Büchlein sei überhaupt verwiesen, wer die Anwendung der Methode auf ausgedehntern Stoff kennen lernen will. Der Abschnitt: Material zu Besprechungen, S. 151—176 deutet die Vor- und Nachbesprechungen der Abschnitte der Erzählung an.

62) In höhern Gymnasialclassen wendet diese Methode Prof. Lipsius, Rector der Nicolaischule zu Leipzig, seit Jahren mit Erfolg an. Sie giebt dem Schüler die richtige Einsicht von Mittel und Zweck. Zweck ist das allseitige Verständniß des Lesestückes, Mittel die grammatische Besprechung. Bei der gewöhnlichen Behandlung setzt sich nur zu leicht die umgekehrte Auffassung fest und der Text wird zum Object philologischer Secirübungen.

Die in neueren Schulausgaben der Classiker üblich gewordenen Einleitungen können, verdienstlich in ihrer Art, meist nicht Analysen genannt werden, erstens, weil sie sich der Vorausnahme des Stoffes nicht enthalten; und zweitens, weil sie nicht für umfassende Anknüpfung an den Wissensstoff des Schülers sorgen. Eine Analyse ist minder abgeschlossen und mannigfaltiger im Stoff, als derartige Einleitungen. Sie geht nicht in geschlossenen Gliedern vor, sondern — um im Bilde zu bleiben — ihre Aufgabe ist, stete Fühlung mit den Heereskörpern des Wissens zu erhalten und zugleich den zu erobernden Boden zu recognosciren.

63) Ziller Grundlegung S. 282. „Es muß das Sittliche und Aesthetische, das auf scharf bestimmte Begriffe zurückgeführt, einen unveränderlichen und unvergänglichen, einen gleichbleibenden und allgemeingültigen Werth hat, es muß nicht minder das Religiöse, das ein allgemein Menschliches ist, eine so hervorragende Stelle bei allem Jugendunterrichte erhalten, es müssen die bleibenden Grundzüge aller menschlichen Erfahrung, die Grundformen alles menschlichen Empfindens, die Grundgestalten aller menschlichen Gesellschaft so sehr hervorgehoben werden. Ueberhaupt alles allgemein

Menschliche muß bei dem pädagogischen Unterrichte stark hervortreten, namentlich vor allem blos Individuellen und Nationalen."

64) Herbart in den Aphorismen zur Pädagogik. W. XI. S. 455.

65) Vergl. Duritz Jacotot's Lehrmethode, Zweibrücken, 1830, S. 28.

66) Mager, die modernen Humanitätsstudien, III. S. 83. „Jacotot — c'était un homme hors de ligne... Gewöhnliche Menschen haben es sehr leicht, über den Mann zu lachen... Das offenbar Gescheidte und auch außer dem Zusammenhange des Systems Verständliche sich anzueignen, wäre zwar auch nicht schwer, aber besser." — Und S. 402. „Ueber Jacotot kann man nicht in der Kürze reden, in dem Geiste laufen zu viele Fäden zusammen und von ihm zu viel Fäden aus. Und wer von ihm mit Nutzen reden will, der muß Jacotot besser verstehen, als er sich verstand. — „Völlig ohne Verständniß für Jacotot's Streben zeigt sich Karl v. Raumer im' dritten Bande der Geschichte der Pädagogik. Diesterweg schätzt den belgischen Reformator besser und K. Schmidt in der Geschichte der Pädagogik (B. III. S. 272), würdigt ihn eines objectiv gehaltenen Resumés.

Zum sechsten Vortrag.

67) Zur Zeit der Humanisten war die classische Literatur der concentrirende Stoff. Das Anwachsen der Realien bewirkte den Zerfall. So lange die Gegensätze von Humanismus und Realismus oder Philantropinismus im Streit lagen, war an kein ruhiges Untersuchen der Frage nach der Verbindung der Lehrfächer zu denken. Da stellte die Volksschule, die vor allem in Wenigem Viel zu bieten angewiesen ist, die Frage in den Vordergrund. Ueber die Geschichte der Concentrationsidee im Volksschulunterricht vergl. A. Richter: Die Concentration in der Volksschule. Vereinigte Anschauungs-Denk-Sprechübungen bezeichnete man als den rettenden Gedanken; schließlich war es aber nur ein bereicherter, mit Elementen der Anschauung versetzter Schreibleseunterricht, wobei man Beruhigung fand. Wir sind der Ansicht, daß die Frage der Concentration im Gebiete des höheren Unterrichts zu lösen ist, indem sie sich dann für die Volksschule, deren Disciplinen weniger centrifugal sind, von selber erledigt.

68) Im vierten Vortrage ließen wir die Scheidung von Erfahrung und Umgang bei Seite und redeten nur von der eigenen Erfahrung des Zöglings. Die schärfere Distinction wäre: Erfahrung (an Dingen und Erfahrung an Menschen. Doch nehmen wir die einfachere Herbart'sche Bezeichnung lieber auf; vergl. Herbart, W. X. S. 58 ff. Ziller Grundlegung § 10.

69) Der Gegensatz von Realien und Humanioren ist ein schiefer und verdirbt die Fragestellung, oder man müßte unter die Humanioren rückhaltlos auch die bildenden Elemente der neuern Literaturen rechnen, wofür Mager bereit eintritt in seinen „modernen Humanitätsstudien". Ohne Humanioren, in diesem weitern Sinne ist keine Bildung möglich, auch die

Volksbildung nicht; wohl aber ohne gelehrte Kenntniß des Alterthums: das klingt selbstverständlich und doch meinen Viele, das Durchlaufen durch ein Paar Gymnasialclassen sei ungleich bildender, als das Absolviren einer Realschule. Dieser falsche Glanz der Gymnasialbildung ist der Schaden der Gymnasien, denn er führt ihnen Elemente zu, die auf anderen Boden gehören und um derentwillen sie von ihrem Programm: die eigentliche gelehrte Bildung zu geben, abweichen müssen.

70) Das sari posse galt ehedem im Unterricht der fremden Sprachen ungleich mehr, es war die eigentliche philologische Bildung. Comenius ging sehr richtig von der eigenen Erfahrung des Kindes aus, um ihm den frühen Gebrauch des fremden Idioms nahe zu legen. Die Jesuiten setzten Strafe auf nicht-lateinische Unterredungen der Schüler untereinander. Man verfiel in den Cirkel: Reden um die Sprache zu bewältigen; die Sprache bewältigen um reden zu können. Der Stützpunkt liegt außerhalb des Cirkels: es gilt reden zu lehren, um der Production willen, die Sprache handhaben zu lehren, um den Gedankenkreis durchzuarbeiten.

71) Herbart, W. X. S. 309 Eine falsche Ausnutzung der Geographie als associirende Wissenschaft ist es aber, wenn man ihr vorwiegend das culturhistorische Material der Geschichte zuweist, wie es Campe thut (Geschichte und Unterricht in der Geschichte, 1869, S. 53 ff.), der, um den Geschichtsunterricht jenes Materials zu entledigen, die Geographie zu einer Art Culturgeschichte will anschwellen lassen. Gerade in der gemeinsamen Arbeit beider Disciplinen liegt ihre erhöhte Wirksamkeit. Lebensbilder behandelt die Geschichte als Hintergrund für die Thaten, von denen sie berichtet; Lebensbilder die Geographie, als Ergänzungen ihrer Bilder von Land und Leuten.

72) Interessant ist, wie der alte Ratich sich den geographischen Stoff zurechtlegt, in einem (ungedruckten) Manuscript der Schloßbibliothek zu Gotha: Pro tirone in geographicis erudiendo tabulae. Er geht von den natürlichen Verhältnissen aus, indem er die Flüsse als Theilstriche benutzt. So zerfällt ihm Deutschland in Germania transrhenana und cisrhenana; letzteres in transdanubiana und cisdanubiana; diese wieder in Germania inter Albim et Rhenum und Germania inter Albim et Vistulam. Trotz der unrichtigen Auffassung der Flüsse als trennende Grenzen kann Ratich doch, wie in so vielen andern Dingen, unsere Schlagbaumgeographie beschämen.

73) Mit dem Kartenzeichnen kann früh der Anfang gemacht werden, wenn man die Grundgestalten der Länder und Erdtheile heraushebt Als Correctiv muß dann freilich Globus und Kartenbild dazutreten. Vergl. Bochmann: Das geographische Zeichnen in den zwei ersten Schuljahren, Monatsblätter von Ziller und Vallauff S. 44.

74) Mannigfaltigkeit in den deutschen Themalen wird bewirkt, wenn sie der Reihe nach von den Lehrern verschiedener Fächer gestellt werden, wie dies z. B. im Gothaer Lehrerseminar eingeführt ist. Hat der deutsche Lehrer bei

Auswahl, Reihenfolge, Anordnung der Arbeiten entscheidende Stimme und kann er so für den Fortschritt und die Verknüpfung der Aufgaben sorgen, wie sie im Interesse seines Faches geboten sind, so ist darin ein bedeutender Fortschritt gegen die gewöhnliche Behandlung beliebig aufgegriffener didactischer oder literarischer Themata zu begrüßen. Die deutsche Arbeit muß aus dem Gedankenkreise der Schüler herauswachsen, die Production muß festen Boden haben in Fachkenntnissen; der Grund, warum jetzt dies und jenes bearbeitet werden soll, muß dem Schüler verständlich sein. Sonst wird, wie in einer verkehrten Welt, dem Schüler Schwereres als dem Schriftsteller zugemuthet, der erst zur Feder greift (oder greifen soll!), wenn ihm ein Vorrath von Gedanken vorliegt und der Trieb sie auszugestalten sich regt.

75) Die Frage der Parallelgrammatik hat eine Geschichte. Die lateinischen Grammatiker gaben die Norm und das Schema. Seit der „Grammaire générale et raisonnée de Port-Royal" 1660, fing aber Einer und der Andere an, den Priscian und Donat bald hier, bald dort verbessern zu wollen; nicht nur entstanden allgemeine Grammatiken, die neue Constructionen des grammatischen Materials versuchten, auch die Grammatiken der einzelnen Sprachen, sogar der alten, entfernten sich immer mehr von dem aristarchischen Schema (Mager, Humanitätsstudien, III. S. 194). Dies wurde eben durch den Fortschritt der Sprachstudien mit sich gebracht; das besser durchdrungene und gesichtete Material verlangte neue Anordnung und Gestaltung. Das Beckersche System der „Sprache als Organismus" gab Anstoß zu einer Reform und begünstigte den Gedanken der Parallelgrammatik, da man die logischen Grundformen aller Sprachen meinte gefunden zu haben. Thiersch, der für Conformität der deutschen, lateinischen und griechischen Sprachlehre eintrat, fand Widerspruch!, der in erster Linie dem Beckerschen Scholasticismus galt, aber die parallele Behandlung der Sprache überhaupt in den Schatten stellte. Durch die vergleichende Sprachforschung ist der Gedanke auf einen günstigern Boden versetzt. Sie bietet zugleich die Sicherheit, daß man die Conformirung der Sprachlehre nicht bis zur Uniformirung treibt, unter der das Individuelle der einzelnen Sprache leiden würde.

76) Wir erblicken so weit in Rutharbt's Bestrebungen (Vorschlag und Plan einer äußern und innern Bervollständigung der grammatikalischen Methode, die classischen Sprachen zu lehren u. s. w. Breslau 1840) einen werthvollen Anfangspunkt. Nur setzt Rutharbi das Erlernen der Elemente nach der gewöhnlichen Art voraus und läßt dann erst seine Loci memoriales eintreten; zudem genügt der Zusammenhang, den er zwischen diesen und der daneben hergehenden Lectüre stiftet, keinesweges; endlich entsprechen die zwar bedeutungsvollen aber zusammenhangslosen loci nicht unsern Forderungen.

77) Wir pflichten, in Rücksicht auf das bildende Element der französischen Literatur, Mager bei, von dem Ziller sich hier weit entfernt, indem er das

Französische als eine „nicht-pädagogische Sprache" aus dem erziehenden Unterricht hinausweist (Grundlegung S. 111). Ihm ist „das Französische wegen des verführerischen Reizes, mit dem darin eine allgemeine eudämonistische, das Ideale theils verleugnende, theils verunreinigende Lebensauffassung wirkt und wegen seiner Verfälschung des Alterthums, sowie wegen Mangels an wahrhaft classischen Autoren, vom pädagogischen Unterricht auszuschließen. Sein sprachliches Material ist nur in die schon hinreichend befestigten und durchgebildeten Theile des kindlichen Gedankenkreises aufzunehmen" (a. a. O. S. 283). Wir müssen darin ein Unrecht gegen ein hochbegabtes Volk erblicken, das neben dem englischen und deutschen ein Hauptträger der modernen Cultur ist, und finden diese Ausstellungen nur auf einen Theil seiner Literatur zutreffend, die, so gut wie ähnliche Erscheinungen der altclassischen und deutschen, von der Schule fern zu halten sind.

www.ingramcontent.com/pod-product-compliance
Lightning Source LLC
Chambersburg PA
CBHW031323160426
43196CB00007B/636